SUMMA PUBLICATIONS, INC.

Thomas M. Hines
Publisher

William C. Carter
Editor-in-chief

Editorial Board

William Berg
University of Wisconsin

Germaine Brée
Wake Forest University

Michael Cartwright
McGill University

Hugh M. Davidson
University of Virginia

Elyane Dezon-Jones
Washington University

John D. Erickson
University of Kentucky

James Hamilton
University of Cincinnati

Freeman G. Henry
University of South Carolina

Norris J. Lacy
Pennsylvania State University

Jerry C. Nash
University of North Texas

Allan Pasco
University of Kansas

Albert Sonnenfeld
University of Southern California

Orders:
P.O. Box 660725
Birmingham, AL 35266-0725

Editorial Address:
3601 Westbury Road
Birmingham, AL 35223

L'Imaginaire de la ruine dans
A la recherche du temps perdu
de Marcel Proust

L'Imaginaire de la ruine dans
A la recherche du temps perdu
de Marcel Proust

Marie-Magdeleine Chirol

SUMMA PUBLICATIONS, INC.
Birmingham, Alabama
2001

Copyright 2001
Summa Publications, Inc.
ISBN 1-883479-32-0

Library of Congress Control Number 2001131006

Printed in the United States of America

All rights reserved.

Marcel Proust Studies, vol. 8

A mes parents,
Marie-Louise, Maurice, Nanou,
Christian et Juliette

Table des matières

Remerciements — ix
Avant-Propos — 1

Première Partie: Etat des lieux de la ruine — 3

Ruine anticipée — 5

Des villes et des ruines — 9
    Paris — 9
    Balbec — 11

Peintres de ruines: Corot, Hubert Robert, Turner — 15
    Trois peintres, trois œuvres — 15
    Initiation aux ruines — 17
    Un paysage de Turner — 19

Des ruines féodales à la ruine imaginaire — 21
    Ruines féodales — 21
    Ruine imaginaire — 23

Deuxième Partie: Le Jet d'eau d'Hubert Robert — 31

Prolégomènes au jet d'eau d'Hubert Robert — 33
    Entrée du narrateur chez les Guermantes — 33
    D'un jet d'eau à l'autre — 36
    Du peintre des jardins au peintre des ruines — 37

Analyse génétique du jet d'eau — 40

Le jet d'eau, métaphore du souvenir et de l'oubli — 60

Tables de matières (cont.)

Troisième Partie: Les Ruines du *Temps retrouvé*   **63**

   Paysage humain en ruine   65
      Corps social en ruine   65
      Corps individuels en ruine   67
      D'autres corps en ruine   69

   Ruine instantanée   75
      Un narrateur surpris   75
      Personnages pétrifiés   76
      Temps pétrifié   78

   Ruine, vanité et danse macabre   80
      La ruine: *Ainsi change la figure des choses de ce monde...*   81
      La vanité: Cas de figures isolés et thème du salut   82
      La vanité: Des métamorphoses aux symboles de *Vanitas*   85
      La vanité: La métaphore théâtrale   90
      La danse macabre: *Le mort saisit le vif...*   91
   Ruine fondatrice   94

Appendice: Des Villes et des ruines   **97**

Notes   109
Ouvrages cités   129
Index   137

Remerciements

Ma profonde gratitude va en premier lieu à Elyane Dezon-Jones, Professeur à Washington University, pour ses précieux encouragements et conseils tout au long de l'écriture de cet ouvrage. Je suis de même extrêmement reconnaissante à Bernard Brun, directeur de l'équipe Proust à l'Institut Technique des Manuscrits Modernes (I.T.E.M.) et chercheur au C.N.R.S., pour son accueil toujours très chaleureux à l'I.T.E.M., son aide dans ma lecture des microfilms ainsi que pour tout le matériel qu'il m'a autorisée à consulter. Mes sincères remerciements s'adressent de même à mon ancien professeur Joseph Brami de l'université du Maryland, qui m'a fait découvrir les beautés d'*A la recherche du temps perdu*.

Je tiens à exprimer ma reconnaissance au *Research Board* de l'université du Missouri pour le semestre sabbatique qu'il m'a accordé. Mes remerciements vont également à Nathalie Davaut, Corinne Russell et Michèle Godefroy pour leur relecture du manuscrit et tout particulièrement à mon époux pour tous ses encouragements.

Finalement, je souhaite vivement remercier la *Borchard Foundation* et Whittier College sans le concours desquels cet ouvrage n'aurait pas pu être publié.

—M.-M. C.

Avant-Propos

Mais, quand d'un passé ancien rien ne subsiste, après la mort des êtres, après la destruction des choses, seules, plus frêles mais plus vivaces, plus immatérielles, plus persistantes, plus fidèles, l'odeur et la saveur restent encore longtemps, comme des âmes, à se rappeler, à attendre, à espérer, sur la ruine de tout le reste, à porter sans fléchir, sur leur gouttelette presque impalpable, l'édifice immense du souvenir.
Du côté de chez Swann[1]

L'expérience douloureuse d'un passé aboli, perdu au milieu des ruines d'un monde en dégradation, oublié dans les tréfonds de l'inconscient, incite le narrateur d'*A la recherche du temps perdu* à devenir l'architecte d'une mémoire qui fait défaut et d'une conscience constamment à la recherche de la moindre pierre susceptible de former les premières assises de toute la construction.

Dans cette perspective, où « l'odeur et la saveur » initient le mouvement reconstructeur du souvenir « sur la ruine de tout le reste », on ne peut ignorer la présence de cette ruine qui justifie et donne matière au temps perdu. Ainsi posée par le narrateur lui-même comme inhérente à l'œuvre, la ruine peut-elle être considérée comme le postulat incontournable à partir duquel la conscience peut initier son travail reconstructeur; car seul à partir des ruines peut se construire à rebours ce qui a été marqué par le temps destructeur.

Qu'est-ce que le temps a alors détruit? Ou bien peut-on dire, que n'a-t-il pas encore détruit? Et si la ruine n'était qu'une autre forme d'art ou même qu'un produit de l'imaginaire, comment se manifesterait-elle? Faut-il aussi que la ruine n'évoque que des empires et civilisations dévastés ou peut-elle prendre des formes humaines? Est-elle nécessairement un produit du temps ou peut-elle apparaître instantanément à l'image des ruines de notre époque, ruines instantanées? Voici quelques-unes des questions qui seront abordées dans cet ouvrage dédié à ces ruines proustiennes qui marquent le tournant du siècle dernier alors que déjà l'on s'apprête à passer le millénaire.

Première Partie

Etat des lieux de la ruine

> *Nous anticipons sur les ravages du temps, et notre imagination disperse sur la terre les édifices mêmes que nous habitons. A l'instant, la solitude et le silence règnent autour de nous. Nous restons seuls de toute une nation qui n'est plus; et voilà la première ligne de la poétique des ruines.*
>
> Diderot, *Salon de 1767*

Ruine anticipée

Depuis Diderot et le *Salon de 1767*, « la première ligne de la poétique des ruines » demeure à jamais associée au thème de la ruine anticipée ainsi qu'au peintre Hubert Robert.[1] Plus de deux siècles plus tard, cette poétique des ruines est loin d'avoir succombé aux ravages du temps. En effet Proust rappelle, dès le premier volume d'*A la recherche du temps perdu*, les principaux paramètres de cette poétique de la ruine dans le contexte d'une promenade en famille:[2]

> Nous revenions par le boulevard de la gare, où étaient les plus agréables villas de la commune. Dans chaque jardin le clair de lune, comme Hubert Robert, semait ses degrés rompus de marbre blanc, ses jets d'eau, ses grilles entrouvertes. Sa lumière avait détruit le bureau du Télégraphe. Il n'en subsistait plus qu'une colonne à demi brisée, mais qui gardait la beauté d'une ruine immortelle. (S, 113)

Entre les « *villas* de la commune »[3] de Combray et les *villas* romaines jadis évoquées par Chateaubriand ou Madame de Staël, il ne semble y avoir que quelques pas à faire à travers les siècles. Pourtant ici le propre de cette marche dans le temps n'est pas d'aller en arrière, mais bien d'anticiper la destruction future de Combray avec ses villas, ses jardins et le bureau du Télégraphe. Anticipation qui sera d'ailleurs confirmée par Gilberte dans une de ses lettres au narrateur, à la fin du *Temps retrouvé:* « Que de fois j'ai pensé à vous, aux promenades, grâce à vous rendues délicieuses, que nous faisions ensemble dans tout ce pays aujourd'hui ravagé [...] » (TR, 335).

Mais quels sont les paramètres de cette ruine anticipée présente dans le paysage de Combray? On trouve d'abord le nom d'Hubert Robert. Peintre ruiniste du XVIIIe siècle, ce dernier doit en effet en grande partie sa renommée à ses vues de ruines anticipées, telles la *Grande galerie du Louvre* (1796) et la *Vue imaginaire de la grande galerie en ruines*.[4] Le nom du peintre ainsi que la référence à son art, le « marbre blanc », les « grilles entrouvertes » et surtout les « jets d'eau »—rappel des « Grandes Eaux de Saint-Cloud par Hubert Robert » (S, 40)—relèvent alors à la fois l'expérience esthétique du narrateur ainsi que le caractère artistique du thème.

Autre trait marquant de la ruine anticipée, la présence d'un clair de lune sous le ciel de Combray. Motif de prédilection des romantiques pour les élans mélancoliques qu'il procure, le clair de lune favorise ici avant tout le thème de la destruction.[5] C'est ainsi que ses rayons de lumière semblent rompre le marbre, détruire le bureau du Télégraphe et ne laisser « qu'une colonne à demi brisée ». Serait-ce là encore une anticipation de la part du narrateur—où une prolepse de la part de Proust—sur l'avenir destructeur de la guerre présenté dans le dernier volume d'*A la recherche du temps perdu?* Sans aucun doute. Dans le passage qui suit, les rayons du clair de lune illuminent l'architecture parisienne avant sa destruction prochaine:[6]

Le clair de lune semblait comme un doux magnésium continu permettant de prendre une dernière fois des images nocturnes de ces beaux ensembles comme la place Vendôme, la place de la Concorde, auxquels l'effroi que j'avais des obus qui allaient peut-être les détruire donnait par contraste, dans leur beauté encore intacte, une sorte de plénitude, et comme si elles se tendaient en avant, offrant aux coups leurs architectures sans défense. (TR, 381-82)

Du rôle du clair de lune éclairant le désastre prochain de Paris au clair de lune qui se confond aux « feux intermittents que, soit de ces aéroplanes, soit de projecteurs de la tour Eiffel, on savait dirigés par une volonté intelligente » (TR, 380), les jeux de lumière du paysage parisien font écho à ceux de Combray. Le rapport semble confirmé lorsque le narrateur évoque « les jets d'eau lumineux des projecteurs [qui] s'infléchissaient dans le ciel » (TR, 381). L'association aux jets d'eau, qui rappellent immédiatement ceux d'Hubert Robert, finit d'établir cet indéniable lien entre clair de lune, ruine prochaine et expérience esthétique, que cette dernière ait lieu lors d'une promenade au milieu des villas de Combray ou parmi les monuments de Paris.

Mais revenons à Combray, car c'est dans le berceau familial de cette petite commune que l'auteur développe encore de façon très concise d'autres composantes de la ruine anticipée. La référence aux jardins des villas de Combray doit être relevée car elle nous ramène encore une fois à Hubert Robert dans la mesure où il excellait aussi dans la peinture des jardins.[7] Mais ce qui attire ici surtout notre attention est moins le rapport au peintre qu'un lien direct aux ruines anticipées. En effet, plaisir des yeux, nostalgie d'un passé plus heureux ou mélancolie face à un avenir incertain, la vogue des ruines artificielles (dès la fin du XVIIIe siècle) a donné lieu à la construction de nombreuses « fabriques » dans les jardins des propriétaires les plus opulents.[8] Or notons que Proust n'évoque pas ici n'importe quel jardin, mais bien ceux « des plus agréables villas de la commune ». Peut-être simple clin d'œil de la part de Proust, la référence aux jardins de Combray rappelle cependant le côté factice de cette ruine anticipée.

Après la mention d'Hubert Robert, du clair de lune et des jardins, le portrait de la ruine anticipée serait presque complet, si ce n'était pour son caractère temporel et esthétique principalement illustré par l'image d'une « ruine immortelle » dans un paysage « détruit » où il ne « subsistait plus qu'une colonne à demi brisée ». Cette colonne unique, dernier vestige d'un temps qui n'est plus, nous rappelle qu'« il n'y a que le temps qui dure »,[9] ce temps *immortel* dont la ruine est le seul témoin. Ainsi apparaît le vieux thème du *memento mori*, « rappelle-toi que tu es mortel ». Anticipation donc, encore une fois, dans ce premier volume d'*A la recherche du temps perdu,* de ce que le narrateur découvrira dans le dernier volume lors du *Bal de têtes.*

> *Elam, Ninive, Babylone étaient de beaux noms vagues, et la ruine totale de ces mondes avait aussi peu de signification pour nous que leur existence même. Mais France, Angleterre, Russie . . . ce seraient aussi de beaux noms. Lusitania aussi est un beau nom. Et nous voyons maintenant que l'abîme de l'histoire est assez grand pour tout le monde. Nous sentons qu'une civilisation a la même fragilité qu'une vie.*
>
> Valéry, *Variété: La crise de l'esprit* (1919)

Des villes et des ruines

Paris

Précédemment, nous avons limité les références au thème de la destruction de Paris à leur rapport esthétique avec la ruine anticipée. Nous allons à présent développer ce même thème de l'anéantissement de la capitale dans une perspective historique. En effet, à travers les propos de Charlus dans *Le Temps retrouvé*, nous allons pouvoir établir comment et pourquoi le narrateur lie le destin de Paris à celui des villes antiques de Pompéi et d'Herculanum avant de l'associer à celui des cités bibliques de Sodome et de Gomorrhe:[10]

> Paris, lui, ne fut pas comme Herculanum fondé par Hercule. Mais que de ressemblances s'imposent! Et cette lucidité qui nous

est donnée n'est pas que de notre époque, chacune l'a possédée. Si je pense que nous pouvons avoir demain le sort des villes du Vésuve, celles-ci sentaient qu'elles étaient menacées du sort des villes maudites de la Bible. On a retrouvé sur les murs d'une maison de Pompéi cette inscription révélatrice: *Sodoma, Gomora*. (TR, 386)

La tradition gréco-romaine s'allie ici à la tradition biblique dans la mesure où les évocations d'Herculanum et de Pompéi font pendant à celles de Sodome et de Gomorrhe. Ainsi Charlus remonte dans le temps et évoque des « ressemblances » entre trois époques: moderne (Paris), classique (Herculanum, Pompéi) et biblique (Sodome, Gomorrhe). Or, toujours selon lui, toutes ces époques sont liées par une triple reconnaissance: un « sort » commun, une « lucidité » face au désastre éminent et une conscience de la répétition de l'histoire. Comme si, pour le germanophile Charlus, une compréhension de toutes ces données excusait finalement ces agents destructeurs, qu'ils s'appellent Dieu, le Vésuve ou les Allemands.

Cette confusion entre les forces divines, celles de la nature ou de l'homme apparaît très clairement lorsque Charlus évoque « la lave de quelque Vésuve allemand » (TR, 385) ou encore ces « fêtes [qui] remplissent ce qui sera peut-être, si les Allemands avancent encore, les derniers jours de notre Pompéi » (TR, 385). Appréhension donc sans révolte ni émotion de la part de Charlus face à la ruine possible de Paris, puisque justifiée par des forces irréversibles.

Comment expliquer alors ce recours à l'irréversibilité de l'histoire, au destin d'Herculanum et de Pompéi, de Sodome et de Gomorrhe, pour annoncer celui de Paris? Charlus évoque le « dilettantisme » (TR, 387), traduit par le narrateur comme « quelque chose d'analogue à la littérature » (TR, 387), soit une certaine oisiveté. On peut y voir aussi, étant donnée la germanophilie de Charlus, une quête—analogue à celle du IIIe Reich—motivée par le dépassement des limites d'espace et de temps.[11] Ce dépaysement spatio-temporel (puisque nous découvrons derrière les ruines diaphanes de Paris celles de Sodome, Gomorrhe, Herculanum et Pompéi) est confirmé par le narrateur lorsque celui-ci évoque, à la suite de sa conversation avec Charlus, le thème de l'orientalisme :

> Et, symbole soit de cette invasion que prédisait le défaitisme de M. de Charlus, soit de la coopération de nos frères musulmans avec les armées de la France, la lune étroite et recourbée comme un sequin semblait mettre le ciel parisien sous le signe du croissant. (TR, 387-88)

Symbole double, la lune marque ici de son sceau à la fois le thème de la ruine anticipée de Paris, ainsi que celui de l'orientalisme développé surtout par la suite avec la mention à Delacroix, premier peintre qui s'est intéressé aux antiquités classiques d'Afrique du Nord. Attrait donc doublement présenté pour des temps et contrées éloignés. Ajoutons de même que si ce voyage dans le temps et l'espace—allant des ruines bibliques aux ruines classiques—est initié par Charlus, il s'inscrit dans la même lignée des expériences du temps perdu recherchées par le narrateur.

Balbec

La thématique de la destruction de Paris liée à celle des cités bibliques de Sodome et de Gomorrhe, ou à celle des villes plus classiques d'Herculanum et de Pompéi, est renforcée tout au long d'*A la recherche du temps perdu* par de nombreuses références aux vestiges d'Athènes, de Rome et de Carthage, ainsi qu'à ceux de villes plus anciennes telles Jérusalem, Ninive et Suse.[12] Une omission importante dans le panorama des cités en ruines présentées par Proust a cependant retenu notre attention. Il s'agit de la ville en ruine de Baalbek aujourd'hui au Liban.[13]

Peut-on pourtant véritablement parler d'omission quand l'homonyme de cette ville antique, Balbec en Normandie, est, avec Combray et Paris, l'une des villes les plus souvent nommées d'*A la recherche du temps perdu?*[14] Kay Bourlier dans *Marcel Proust et l'architecture* esquisse « la possibilité d'une ressemblance entre le Balbec du roman et Baalbek, ville réelle orientale, qui [irait] au-delà de la simple homophonie ».[15] Elle justifie ses propos en comparant les deux villes du point de vue architectural (intérêt pour l'art byzantin), historique (villes fondatrices) et des mœurs (rapports à la luxure).

Prolongeons cette voie ouverte par Bourlier et considérons la question suivante: Proust a-t-il conservé dans son Balbec normand les ruines de la cité antique? Pour répondre à cette question, il faut reprendre la première mention de la ville normande et les propos de Legrandin:

> Balbec! la plus antique ossature géologique de notre sol, vraiment Ar-mor, la Mer, la fin de la terre, la région maudite qu'Anatole France—un enchanteur que devrait lire notre petit ami—a si bien peinte, sous ses brouillards éternels, comme le véritable pays des Cimmériens, dans l'*Odyssée*. De Balbec surtout, où déjà des hôtels se construisent, superposés au sol antique et charmant qu'ils n'altèrent pas, quel délice d'excursionner à deux pas dans ces régions primitives et si belles! (S, 129)

Plusieurs indices rappellent la thématique des ruines. Premièrement, des références à des lieux géographiques convergeant tous vers des temps antiques. Notons le rapport au monde hellénique à travers la comparaison avec le « pays des Cimmériens, dans l'*Odyssée* », mais aussi les références au « sol antique », à des « régions primitives » ou même encore à « la fin de la terre », notation à la fois spatiale et temporelle.

Toutes ces données spatio-temporelles confirment en fait un lien, cette fois thématique, qui apparaît juste après l'exclamation de Legrandin clamant précisément le nom de la ville. Il s'agit de l'image « ossature » de Balbec, qualifiée à juste titre d'« antique » et de « géologique ». Signifiant révélateur pour évoquer une ville détruite, l'image du squelette est en effet un motif privilégié de la littérature des ruines.[16]

Un dernier indice pointe vers un Balbec normand réminiscent du Baalbek antique: la présence « des hôtels » (au sens moderne) qui, dans ce contexte antique, pourrait sembler déplacée, voire anachronique. Pourtant, si l'on remplace *hôtel* par « Temple-Palace » (SG 2, 237) ou par « palais » (JF 2, 303), termes que le narrateur utilise pour évoquer le Grand-Hôtel de Balbec, le rapport spatio-temporel attendu semble rétabli. La substitution paraît adéquate car, après tout, lorsque le narrateur parle d'hôtel à Balbec, ne se réfère-t-il pas toujours au Grand-Hôtel de Balbec? Restons donc quelques instants sur cet hôtel-ci car, plus que « superposé au sol antique », il semble véritablement, en fin de saison, être le produit de ces mêmes temps antiques:

> Il [le directeur du Grand-Hôtel] avait l'air d'inspecter le néant, de vouloir donner grâce à sa bonne tenue personnelle un air provisoire à la misère que l'on sentait dans cet hôtel où la saison n'avait pas été bonne, et paraissait comme le fantôme d'un souverain qui revient hanter les ruines de ce qui fut jadis son palais.
> (JF 2, 303)

La comparaison que le narrateur établit entre le directeur de l'hôtel et le souverain d'une époque passée, et par extension entre le Grand-Hôtel et un palais en ruine, évoque très clairement un rapprochement entre deux époques bien distinctes. Mieux encore, du Balbec moderne au Baalbek antique, un phénomène d'osmose, où le point de convergence est le Grand-Hôtel, a lieu. Mélancolie du souverain fantôme dans les ruines, regrets du directeur du Grand-Hôtel, les souvenirs du narrateur à Balbec demeureront tout aussi nostalgiques à chaque fois qu'ils referont surface.

On peut donc conclure que si Baalbek en ruine ne fait pas partie du panorama proustien des cités perdues et retrouvées, l'auteur réserve à cette cité une place tout aussi importante que celle accordée aux villes qui lui ont permis d'élaborer sur le thème de la ruine anticipée ou de la fin de Paris. Mais alors qu'avec la capitale la thématique des ruines s'inscrivait sur le mode de la comparaison, les ruines de Balbec se dévoilent au lecteur sur le mode de la transparence, de l'assimilation.

> *Ruine se dit en peinture de la représentation d'édifices presque entièrement ruinés. De belles ruines. On donne le nom de ruine au tableau même qui représente ces ruines.*
> Article *Ruine* de *L'Encyclopédie*

Peintres de ruines: Corot, Hubert Robert, Turner

Trois peintres, trois œuvres

La toute première véritable référence à la peinture dans *A la recherche du temps perdu* groupe non moins de trois artistes. Or ceux-ci ont tous une réputation certaine dans la peinture des ruines. Il s'agit de Corot (1796-1875), de Turner (1775-1851) et bien sûr de celui surnommé de son vivant « Robert des Ruines », Hubert Robert (1733-1808). Dans ce passage initiateur (autant pour le narrateur que pour le lecteur), Proust évoque la grand-mère recherchant pour son petit-fils « des photographies des monuments ou des paysages les plus beaux »:

> Elle essayait de ruser et sinon d'éliminer entièrement la banalité commerciale, du moins de la réduire, d'y substituer pour la plus grande partie de l'art encore, d'y introduire comme plusieurs « épaisseurs » d'art: au lieu de photographies de la Cathédrale de Chartres, des Grandes Eaux de Saint-Cloud, du Vésuve, elle se renseignait auprès de Swann si quelque grand peintre ne les avait pas représentés, et préférait me donner des photographies de la Cathédrale de Chartres par Corot, des Grandes Eaux de Saint-

Cloud par Hubert Robert, du Vésuve par Turner, ce qui faisait un degré d'art de plus. (S, 39-40)

Trois peintres donc, mais aussi trois œuvres. Pourquoi le choix de ces peintres? Pourquoi le choix de ces œuvres? Ces artistes partagent tous le même goût pour le délabré. Bien que mieux établi dans cette esthétique du dévasté, Hubert Robert est en effet loin d'être le seul dont le nom évoque des paysages de ruine. Corot et Turner ont chacun à leur actif des représentations ruinistes: de Corot, évoquons son intérêt pour les paysages avec vestiges antiques, aqueducs isolés, vieux ponts ravagés et arches démantelées;[17] de Turner, retenons ses châteaux et ses abbayes désolés, ainsi que ses vues de Venise,[18] de Rome ou autres villes italiennes, avec ponts et colonnes écroulés.[19]

Les tableaux cités par la grand-mère auraient-ils donc aussi la ruine en commun? Commençons par « Les Grandes Eaux de Saint-Cloud ».[20] Sans vouloir trop anticiper sur un passage de *Sodome et Gomorrhe II,* où il est aussi question d'un jet d'eau d'Hubert Robert et auquel nous consacrons une section plus loin, il est important d'évoquer dès maintenant l'association que Proust établira par la suite entre le thème de l'eau qui coule—chute d'eau—et celui de la chute de pierre. Ce rapport se présentera en effet sans contrefaçon, selon le procédé stylistique le plus direct, dans une comparaison où les gouttes d'eau du jet d'eau s'assimileront aux « pierres d'un palais antique » (SG 2, 56). Or ceci confère par extension, d'un jet d'eau d'Hubert Robert à l'autre, des attributs ruinistes aux « Grandes Eaux de Saint-Cloud ».

En est-il de même pour « la Cathédrale de Chartres »?[21] Tout d'abord, signalons que Corot a peint ce tableau pendant la Révolution de 1830 alors qu'il fuyait Paris et bien entendu les décombres de la vie politique. Par ailleurs, lorsque l'on considère cette peinture, on trouve en avant-plan un amas de pierres qui suggère, sinon la dégradation de la cathédrale, du moins un retour originel aux éléments qui ont permis sa construction. L'image de la ruine est donc toujours présente dans ce deuxième tableau, soit dans sa conception—comme marquant la fin d'un régime (chute de Charles X) et le début d'un autre (avènement de Louis Philippe)—, soit dans les débris du sujet qu'il représente.

Passons alors au Vésuve de Turner. Comme pour les Grandes Eaux d'Hubert Robert, il existe plusieurs tableaux sur le thème du volcan italien.[22] Dès lors, cette référence approximative quant au nom du tableau suggère que son caractère unique est moins important que le sujet qu'il représente. En d'autres termes, Proust s'intéresserait plus à la symbolique accompagnant la thématique du Vésuve qu'au caractère particulier associé à une représentation spécifique du volcan. Or qu'évoque le Vésuve? Avant tout le symbole même de la destruction de Pompéi et d'Herculanum, villes archétypes de la ruine.[23]

Initiation aux ruines

Les trois peintres et les trois tableaux ainsi regroupés ont donc tous pour trait commun le thème de la ruine. La question qui se pose alors est le rôle initiateur de la grand-mère dans cette esthétique de la ruine.[24] Sa quête a pour but, selon le narrateur, d'« introduire comme plusieurs épaisseurs d'art ». Pour éclaircir ce rôle de la grand-mère auprès de son petit-fils, nous suivrons deux directions symétriques puisque nous reprendrons à chaque fois ce thème de la quête de la représentation idéale. La première approche consistera à suivre la voie esthétique de la ruine—la ruine objet de beauté; la deuxième consistera à suivre son tracé temporel—la ruine objet médiateur du souvenir.

Première considération: la ruine objet de beauté. A la photographie d'un sujet (monument ou paysage) la grand-mère préfère une photographie de la *peinture* de ce sujet. Ceci parce que dans la photographie d'une peinture, on a l'art du peintre en plus (art que l'on ne trouve pas dans la réalité plate d'une photo) ou dans ce cas-ci, nous l'avons démontré plus haut, la dimension ruiniste en plus.

En termes esthétiques, la photographie de la peinture est donc plus belle que la photographie de la réalité, ou encore, l'art du peintre ruiniste est plus beau que la réalité. Or, si l'on continue dans cette voie, la démarche de la grand-mère revient à démontrer que le peintre rend plus beau l'objet original, ou que la ruine est plus belle que l'objet original. L'initiation du narrateur à la beauté passe donc par une initiation à l'esthétique de la ruine. Double initiation en effet (à la beauté et à la ruine) car en présentant à son petit-fils « un degré d'art de plus », la grand-mère résume aussi un tournant historique selon lequel la ruine, alors devenue plus belle que l'objet intact, accéderait au rang d'objet esthétique.[25]

Deuxième considération: la ruine objet médiateur du souvenir. Transcrivons à présent la quête esthétique de la grand-mère en termes précisément de « *degrés* d'art », soit d'étapes ou de *couches* de souvenir artistique du monument ou du paysage. Plusieurs étapes apparaissent alors. La première étape consiste à trouver des photographies représentant la *réalité présente* des monuments ou des paysages de l'époque. La deuxième étape revient à acquérir d'autres photographies représentant ces mêmes monuments ou sites, cette fois peints par de grands artistes et ramenant donc le spectateur à un temps plus lointain. Il existe deux autres étapes, remontant encore plus loin, perceptibles dans la quête de la grand-mère:

> Elle demandait à Swann si l'œuvre n'avait pas été gravée, préférant, quand c'était possible, des gravures anciennes et ayant encore un intérêt au-delà d'elles-mêmes, par exemple celles qui représentent un chef d'œuvre dans un état où nous ne pouvons plus le voir aujourd'hui (comme la gravure de la Cène de Léonard avant sa dégradation, par Morghen). (S, 40)

Dans ces deux dernières étapes, la photographie est remplacée par un mode de représentation plus archaïque, la gravure. La troisième étape implique donc une vue encore plus ancienne de la même réalité. Quant à l'étape ultime, elle consiste à retrouver la gravure ancienne d'un chef-d'œuvre « dans un état où nous ne pouvons plus le voir aujourd'hui » donc, par extension, avant sa ruine (avant la ruine du tableau, voire même, avant que l'objet représenté ne soit tombé en ruine). De la photographie (prise dans le présent) d'un monument ou d'un paysage, à la gravure (faite dans un passé lointain) représentant un chef-d'œuvre avant sa ruine, on peut suivre tout le cheminement ascendant ou descendant de l'objet esthétique à travers le souvenir comme les époques, dans ce but unique de la grand-mère d'obtenir à chaque fois « un degré d'art de plus » (S, 40).

Un paysage de Turner

L' image de l'ascension ou de la descente vers « un degré d'art de plus », illustrée par des couches ou étapes artistiques (photographies, peintures, gravures) évoquant une époque à chaque fois plus éloignée, correspond au dessein le plus intime de la grand-mère d'initier son petit-fils à l'art dont fait partie l'art ruiniste. Or cette initiation du narrateur à l'art, et ceci par l'intermédiaire de représentations de « monuments ou [de] paysages les plus beaux », trouve son expression quelques années plus tard devant « les beautés alpestres de l'hôtel de Bréquigny et Tresmes » (Gms 2, 861):

> Tous ces points, vagues et divergents où se reposaient les yeux, faisaient paraître plus éloigné que s'il avait été séparé de nous par plusieurs rues ou de nombreux contreforts l'hôtel de Mme de Plassac, en réalité assez voisin mais chimériquement éloigné comme un paysage alpestre. Quand ses larges fenêtres carrées, éblouies de soleil comme des feuilles de cristal de roche, étaient ouvertes pour faire le ménage, on avait, à suivre aux différents étages les valets de pied impossibles à bien distinguer, mais qui battaient des tapis ou promenaient des plumeaux, le même plaisir qu'à voir, dans un paysage de Turner ou d'Elstir, un voyageur en diligence, ou un guide, à différents degrés d'altitude du Saint-Gothard. (Gms 2, 861)

Le souhait de la grand-mère d'élever son petit-fils à l'art s'est matérialisé. Il est passé de la vue d'un paysage artistique dans sa chambre au vécu de ce paysage, ou mieux encore, de la reconnaissance d'une réalité artistique (le Vésuve de Turner par exemple) à la transfiguration de la réalité (l'hôtel de Bréquigny et Tresmes) en un équivalent artistique, « un paysage alpestre » de Turner.

Le narrateur a en effet bien assimilé la leçon de sa grand-mère. A son tour, pour « introduire comme plusieurs 'épaisseurs' d'art » (S, 40), à la réalité plate des choses (la vue d'un hôtel), il traverse lui aussi différents « degré[s] d'art » (S, 40) et suit les valets de pied « aux *différents étages* » qui le mèneront « à *différents degrés* d'altitude du Saint-Gothard » (Gms 2, 861).

Mais le narrateur a-t-il aussi retenu le rapport entre art pictural et ruines, jadis présent dans les premiers paysages de Corot, d'Hubert Robert ou de Turner? Le choix d'une peinture de Turner et surtout du Saint-Gothard pointe vers l'affirmative. En effet, encore une fois, il n'existe pas une seule représentation du Saint-Gothard par Turner mais plusieurs.[26] La représentation de la montagne escarpée et déchiquetée serait donc le principal signifiant à considérer.[27] Or cette thématique de la montagne est en parfait accord avec la poétique des ruines: la montagne (trouée, rugueuse, accidentée) est en effet dans la nature l'équivalent de la ruine dans le monde civilisé.[28] Notons par ailleurs que le narrateur évoque un certain « plaisir » devant ces « beautés alpestres », plaisir qui ne va pas à l'encontre de celui associé à la vue de belles ruines.

On peut donc conclure que la double initiation (à l'art et à la ruine) de la grand-mère a bien porté ses fruits. Des trois peintres évoqués en premier lieu, nous avons suivi en particulier le cheminement du narrateur dans sa découverte tant esthétique que ruiniste de Turner (d'une vue du Vésuve à un paysage alpin). Un parcours similaire serait tout aussi révélateur avec les œuvres d'Hubert Robert (des « Grandes Eaux de Saint-Cloud » au « jet d'eau d'Hubert Robert » dans *Sodome et Gomorrhe II*). Mais réservons ceci pour la partie qui sera entièrement consacrée au peintre ruiniste.

> *Le côté de Méséglise [...] [et] le côté de Guermantes [...] ont constitué à tout jamais pour moi la figure des pays où j'aimerais vivre, où j'exige avant tout qu'on puisse aller à la pêche, se promener en canot, voir des ruines de fortifications gothiques [...].*
> Du côté de chez Swann

Des ruines féodales à la ruine imaginaire

L'éducation ruiniste du narrateur passe par d'autres initiations que celle de l'art pictural. Il découvre par lui-même, dans ses promenades d'enfance, les « ruines de fortifications gothiques » (S, 182) autour de Combray, et plus tard, à travers les gourmandises d'Albertine, d'autres ruines associées à un plaisir cette fois-ci plus mûr. Evoquons ces deux découvertes bien distinctes tant sur le plan de leur présentation que sur celui de leur signification.

Ruines féodales

Dans *Du côté de chez Swann,* passer les vacances chez tante Léonie signifie avant tout faire des promenades autour de Combray, du côté de Méséglise ou du côté de Guermantes. Pour voir la vue de la plaine—les lilas de Tansonville ou Saint-André-des-Champs—il faut se promener du côté de Méséglise. Par contre, pour découvrir un paysage de rivière semé de ruines féodales confondues à des boutons d'or, il faut aller du côté de Guermantes. Suivons donc ce deuxième côté et voyons ce que ces ruines ont à nous apprendre. Mais remarquons avant de nous engager dans cette voie que la promenade vers Guermantes ne se fait pas sans une certaine initiation: il s'agit du passage du « Pont-Vieux » (S, 164), médiateur d'un voyage qui fait traverser les siècles à rebours jusqu'au *vieux*, jusqu'au Moyen Âge.[29] Que nous offre alors ce voyage dans le temps auquel nous invite cette traversée symbolique? Reprenons l'arrivée du narrateur sur les lieux:

> Ils [de vastes prés] étaient semés des restes, à demi enfouis dans l'herbe, du château des anciens comtes de Combray qui au Moyen Âge avait de ce côté le cours de la Vivonne comme défense contre les attaques des sires de Guermantes et des abbés de Martinville. Ce n'étaient plus que quelques fragments de tours bossuant la prairie, à peine apparents, quelques créneaux d'où jadis l'arbalétrier lançait des pierres, d'où le guetteur surveillait Novepont, Clairefontaine, Martinville-le-Sec, Bailleau-l'Exempt, toutes terres vassales de Guermantes entre lesquelles Combray était enclavé, aujourd'hui au ras de l'herbe, dominés par les enfants de l'école des frères qui venaient là apprendre leurs leçons ou jouer aux récréations—passé presque descendu dans la terre, couché au bord de l'eau comme un promeneur qui prend le frais, mais me donnant fort à songer, me faisant ajouter dans le nom de Combray à la petite ville d'aujourd'hui une cité très différente, retenant mes pensées par son visage incompréhensible et d'autrefois qu'il cachait à demi sous les boutons d'or. (S, 165)

Ce paysage de ruines évoque tout d'abord le thème des vieilles querelles médiévales entre d'un côté les comtes de Combray et de l'autre les sires de Guermantes et les abbés de Martinville. Mais alors que jadis le site était dominé par une guerre où l'arbalétrier et le guetteur avaient leur place, c'est une passion plus légère qui semble à présent animer les jeux de récréation des « enfants de l'école des frères ».

Ainsi entre la guerre dévastatrice de familles rivales et le jeu plus amical de jeunes garçons (même s'il s'agit du jeu de la guerre), quelles leçons ont été apprises? Leçons qui s'adressent aussi bien à ces enfants qui viennent « apprendre » au milieu de ce champ dévasté qu'au narrateur se laissant aller à la méditation parmi des débris qui lui « donn[ent] fort à songer ».

Le message semble double. On trouve tout d'abord un lexique associé au thème du questionnement et de l'incompréhension, dans un parcours qui va de l'évocation de « restes » ou de « fragments » à celui d'un passé presque oublié, « descendu dans la terre », parfois caché. Poétique des ruines donc qui rappelle avant tout la fugacité des choses de ce monde, celles-ci étant vouées à la destruction et à l'oubli, mais qui invite aussi à la découverte de ce passé.

Un autre message vient alors atténuer l'âpreté du premier. Il s'agit de celui d'une nature bienfaitrice ou rassurante prenant véritablement le dessus: la « prairie », les « vastes prés » sont « semés » de restes, ou, lorsque l'on considère le point de vue inverse, ces mêmes décombres sont présentés comme « au ras de l'herbe [...] à demi sous les boutons d'or », « à demi enfouis dans l'herbe ». Pour compléter ce tableau, une métaphore, celle d'un passé en ruine « couché au bord de l'eau comme un promeneur qui prend le frais » avec son « visage » enfoui « sous les boutons d'or », donne des accents romantiques au paysage champêtre. Sans contredire sa première manifestation, cette poétique des ruines s'associe dès lors à un renouvellement des formes (renouvellement ensemencé par la ruine: prés « semés des restes ») mettant sur le même plan la beauté des boutons d'or et celle des ruines.[30]

Ruine imaginaire

Bien qu'initié à la poétique des ruines de Combray (ruines anticipées, ruines picturales ou ci-dessus ruines féodales), il faut attendre plusieurs centaines de pages pour que le narrateur aille au-delà de leur beauté ou de leur caractère didactique et qu'il découvre le véritable plaisir des ruines.

Pour mieux comprendre ce plaisir ruiniste, rapportons-nous d'abord aux « illusions optiques » produites à travers les marines d'Elstir présentées dans *A l'ombre des jeunes filles en fleurs*.[31] Le narrateur explique que bien que reprenant « quelque image singulière d'une chose connue », l'image reproduite de chacune de ces marines « nous étonne, nous fait sortir de nos habitudes, et tout à la fois nous fait rentrer en nous-même en nous rappelant une *impression* » (JF 2, 194). En d'autres termes, lorsque sont peints ces paysages normands, de véritables « illusions optiques » se transforment en « mirages » (JF 2, 195)[32] et renvoient intérieurement à une *impression* infiniment plus attractive pour le narrateur que la réalité plate des choses.

Or c'est précisément cette *impression* que nous retiendrons ici car, faisant appel soit au souvenir (vécu ou non), soit à l'imaginaire,[33] c'est le même processus de réminiscence qui semble animer l'épisode des glaces d'Albertine, dans *La Prisonnière*. Une *impression* toute similaire nous permettra de passer de la réalité d'une glace en train d'être mangée à un paysage mis en ruine, sans oublier le plaisir gustatif et destructeur de la gourmande qui en fait l'expérience, et le plaisir tout aussi vivace du narrateur qui en reproduit l'essence à travers l'écriture.

Reprenons donc le passage sur les glaces d'Albertine. Ces gourmandises prenant de savantes formes architecturales semblent en effet si bien coller à la réalité qu'elles en subissent les irrémédiables maniements du temps:

> Pour les glaces (car j'espère bien que vous ne m'en commanderez que prises dans ces moules démodés qui ont toutes les formes d'architecture possible), toutes les fois que j'en prends, temples, églises, obélisques, rochers, c'est comme une géographie pittoresque que je regarde d'abord et dont je convertis ensuite les monuments de framboise ou de vanille en fraîcheur dans mon gosier. [....] Mon Dieu, à l'hôtel Ritz je crains bien que vous ne trouviez de colonnes de Vendôme de glace, de glace au

chocolat, ou à la framboise, et alors il en faut plusieurs pour que cela ait l'air de colonnes votives ou de pylônes élevés dans une allée à la gloire de la Fraîcheur. Ils font aussi des obélisques de framboise qui se dresseront de place en place dans le désert brûlant de ma soif et dont je ferai fondre le granit rose au fond de ma gorge qu'ils désaltéreront mieux que des oasis [...]. Ces pics de glace du Ritz ont quelquefois l'air du mont Rose, et même si la glace est au citron je ne déteste pas qu'elle n'ait pas de forme monumentale, qu'elle soit irrégulière, abrupte, comme une montagne d'Elstir. Il ne faut pas qu'elle soit trop blanche alors, mais un peu jaunâtre, avec cet air de neige sale et blafarde qu'ont les montagnes d'Elstir. La glace a beau ne pas être grande, [...] ces glaces au citron-là sont tout de même des montagnes réduites, [...] mais l'imagination rétablit les proportions [...]. De même, au pied de ma demi-glace jaunâtre au citron, je vois très bien des postillons, des voyageurs, des chaises de poste sur lesquels ma langue se charge de faire rouler de glaciales avalanches qui les engloutiront [...]; de même, ajouta-t-elle, que je me charge avec mes lèvres de détruire, pilier par pilier, ces églises vénitiennes d'un porphyre qui est de la fraise et de faire tomber sur les fidèles ce que j'aurai épargné. Oui, tous ces monuments passeront de leur place de pierre dans ma poitrine où leur fraîcheur fondante palpite déjà. (P, 636-37)[34]

Si cette évocation de glaces ne s'assimile point au début à une illusion optique, puisqu'Albertine fait référence aux « moules démodés qui ont toutes les formes d'architecture possible »,[35] elle le devient par la suite lorsque le maître de l'illusion optique est par deux fois cité: les glaces sont d'abord associées aux pentes « abrupte[s] » des montagnes d'Elstir puis à leur couleur « jaunâtre ». La forme des glaces du Ritz devient alors moins le fait du moule du pâtissier que de celui du point de vue de la gourmande Albertine sur la réalité culinaire. L'évocation de ces pics de glace qui par le fruit de l'imagination ont « *l'air* du mont Rose » ou de « montagnes réduites » en sont la représentation métaphorique.

Mais l'illusion va plus loin et prend des airs de catastrophe lorsque l'on suit la pente glissante du désir de la gourmande et que de « glaciales avalanches » se mettent en branle. La ruine prend finalement le dessus et une véritable destruction anticipée, « pilier par pilier », s'effectue alors que l'illusion optique se double de réminiscences gustatives lors du passage de « tous ces monuments [...] de leur place de pierre » dans la poitrine d'Albertine « où leur fraîcheur fondante palpite déjà ».

L'évocation ruiniste est d'autant plus frappante qu'au fil de la narration la thématique du ruiné se fond à la syntaxe, comme si finalement le narrateur assimilait à son tour le discours de la gourmande. La transformation des monuments de glace en substance rafraîchissante dans le « gosier », la « gorge » ou la « poitrine » d'Albertine revient à trois reprises selon les modifications suivantes: on passe de « c'est comme une *géographie pittoresque* que je regarde d'abord et dont je convertis ensuite les *monuments de framboise ou de vanille* en fraîcheur dans mon gosier » (1ère phrase) à « des *obélisques de framboise* qui se dresseront de place en place dans le désert brûlant de ma soif et dont je ferai fondre le *granit rose* au fond de ma gorge qu'ils désaltéreront mieux que des oasis » (4ème phrase) et finalement à, « tous ces *monuments* passeront de leur place de *pierre* dans ma poitrine où leur fraîcheur fondante palpite déjà » (dernière phrase).

Ce processus de mise en ruine—tant au niveau de la syntaxe que dans la thématique—présent dans les trois phrases citées ci-dessus, est encore plus flagrant dans le tableau suivant qui en reprend les mots clé:

	De la forme..........	à la matière
1ère phrase	géographie pittoresque	monuments de framboise ou de vanille
4ème phrase	obélisques de framboise	granit rose
Dernière phrase	monuments	pierre

Selon une lecture horizontale, on note que la matière se substitue à la forme. Cela semble attendu puisque sujet principal du message de la narration: la glace perd ses contours jusqu'à n'être plus que matière à déguster. Mais l'idée est reprise et va en s'accentuant lorsque l'on effectue une lecture verticale, de la première à la dernière phrase: plus le processus narratif avance, plus l'évocation est minimale et générale.

Dans la colonne de gauche, le qualificatif « pittoresque » de la première phrase est réduit à « de framboise » dans la quatrième et est inexistant dans la dernière (le nom commun « monument » perd ainsi toute appréciation subjective). De même, l'expression « géographie pittoresque » (celle-ci renvoie à une longue énumération dans le texte initial: « temples, églises, obélisques, rochers ») ne retient plus que les « obélisques » dans la quatrième phrase puis le terme général de « monuments » dans la dernière.

Dans la colonne de droite, le processus de dégradation (voire d'assimilation) est encore plus flagrant. Dans le registre des couleurs, le mélange de « framboise » et de « vanille » donne le « rose » de la quatrième phrase pour disparaître ensuite. Quant à la matière, celle-ci semble de plus en plus quelconque, de « monuments de framboise ou de vanille » à « granit » à finalement « pierre ». Ainsi après l'évocation des monuments puis de leur ruine, tout semble s'être englouti vers le néant; néant du « gosier » d'Albertine comme de celui de la ruine.

En résumé, ce passage sur les glaces d'Albertine présente, à partir de l'image initiale de glaces offrant des contours architecturaux (qui sont le fait d'un moule), une série d'illusions optiques où l'imaginaire prend petit à petit le dessus. Dans un premier temps, une illusion optique établit le rapprochement entre les glaces du Ritz et des « colonnes votives », des « pylônes », des « montagnes réduites », le « mont Rose », ou « les montagnes d'Elstir ». Ce processus métaphorique présente une réalité autre, associée à celle des glaces.

Dans un deuxième temps, associé cette fois-ci à cette nouvelle réalité (qui n'est plus de glace mais de pierre), une autre illusion optique se surimpose à la première: la ruine de ces monuments ou de ces « forme[s] monumentale[s] ». Car ce n'est pas la glace qui tombe en ruine, mais bien les monuments, au sens large du terme, que représentent ces glaces par effet optique. Cette nouvelle étape est de type métonymique. Elle ne renvoie plus à une autre réalité plane (comme cela est le cas dans la première étape où le lien entre les glaces et les monuments se fait sur le mode de la comparaison) mais bien à une abstraction en mouvement (la ruine s'établit selon un processus de destruction inhérent aux monuments).

On peut donc conclure que l'image de la ruine est ici puisée dans un imaginaire selon lequel le monument est considéré comme voué à la chute. Car si l'image de la ruine apparaît à Albertine, c'est en effet d'abord grâce à des réminiscences associées à un objet en pierre voué un jour ou l'autre à la destruction, avant d'être la représentation du destin de cette glace appétissante dont la fin est anticipée.

C'est alors précisément parce que la perception de la ruine n'est ni absolument *vécue* dans le passé ni complètement *anticipée* dans le futur que celle-ci procure un plaisir. Plaisir des ruines donc, mais associé à un temps en suspens entre le passé et le futur, dans cette espèce de réminiscence qui n'en est pas vraiment une, faite entièrement *d'impressions*, d'imaginaire de la ruine.

Mais le narrateur participe-t-il aussi à ce plaisir des ruines? Si l'on peut effectivement argumenter que le narrateur ne fait que transcrire le plaisir d'Albertine, il faut toutefois rappeler qu'avant d'être associé à ce deuxième grand amour (avec Albertine), le plaisir des ruines était déjà associé à Gilberte, son premier grand amour. Le narrateur découvre en effet dans la salle à manger de l'appartement de Swann et d'Odette à Paris, « un gâteau architectural », placé là « à tout hasard [...] pour le cas où il aurait pris fantaisie à Gilberte de le découronner de ses créneaux en chocolat et d'abattre ses remparts aux pentes fauves et raides, cuites au four comme les bastions du palais de Darius » (JF 1, 497). Or ce genre de « hasard », où les deux principales amours du narrateur partagent cette douce inclination pour un même plaisir destructeur, ne peut que marquer la volonté de l'auteur d'établir un lien entre ces deux passions dévastatrices.

Mieux encore, dans ce passage d'*A l'ombre des jeunes filles en fleurs*, le narrateur ne paraît pas le moins perturbé de partager ce plaisir tout sensuel et destructeur de la gourmande Gilberte, alors qu'il goûte, dans ce paysage mi-édénique, mi-oriental, à des fruits qui ont tout l'air de fruits défendus: « Bien mieux, pour procéder à la destruction de la pâtisserie ninivite, Gilberte ne consultait pas seulement sa faim; elle s'informait encore de la mienne, tandis qu'elle extrayait pour moi du monument écroulé tout un pan verni et cloisonné de fruits écarlates, dans le goût oriental » (JF 1, 497).

On comprend alors mieux la valeur de ces ruines aux contours sensuels et la passion toute destructrice qu'elles provoquent. Le narrateur en a fait les frais avec Gilberte et il renouvelle l'expérience avec Albertine. Ces ruines-là ont une portée symbolique qui va au-delà du message didactique ou pittoresque des premières ruines découvertes par le narrateur (ruines féodales, ruines anticipées, ou ruine picturale). Elles sont le fruit d'un narrateur plus mûr, découvrant le plaisir masochiste des passions amoureuses (les exemples ne manquent pas dans *A la recherche du temps perdu*), mais aussi d'un auteur qui inaugure une nouvelle poétique de la ruine dans cette voie ouverte sur l'imaginaire.

Deuxième Partie

Le Jet d'eau d'Hubert Robert

> *Ainsi, j'étais déjà arrivé à cette conclusion que nous ne sommes nullement libres devant l'œuvre d'art, que nous ne la faisons pas à notre gré, mais que préexistant à nous, nous devons, à la fois parce qu'elle est nécessaire et cachée, et comme nous ferions pour une loi de la nature, la découvrir.*
>
> Le Temps retrouvé

Prolégomènes au jet d'eau d'Hubert Robert

Entrée du narrateur chez les Guermantes

L'arrivée du narrateur lors de sa première soirée mondaine chez la princesse de Guermantes est placée sous le signe de la ruine. Peu certain d'avoir été invité, et bien sûr pour suivre les règles de bonne convenance, le narrateur doit se faire annoncer ou présenter. Loin d'être une simple affaire, ce processus doit être répété deux fois: lors de l'arrivée du narrateur dans le salon Guermantes, puis auprès du prince, l'hôte de la soirée.

Cette entrée du narrateur dans la haute société, qui après l'accueil de la princesse se développe en un véritable parcours où le jeune homme doit trouver moyen de faire la connaissance du maître de maison, aboutit finalement à la découverte du « jet d'eau d'Hubert Robert » (SG 2, 56). Expérience autrement révélatrice pour le narrateur déçu de sa rencontre avec le prince. Or, si l'on considère chacune de ces présentations on s'aperçoit qu'elles annoncent toutes deux le thème de la ruine présent dans la description du jet d'eau et qu'elles en constituent en quelque sorte l'ouverture.

La première présentation du narrateur a lieu à l'entrée du salon Guermantes, lorsque l'huissier fait l'annonce de son nom. Au grand désespoir du jeune invité, qui aurait préféré une entrée plus discrète, cette annonce hurlée en « syllabes inquiétantes avec une force capable d'ébranler la voûte de l'hôtel » est vécue comme « le bruit préalable d'un cataclysme possible » (SG 2, 38).[1] Le motif de la ruine semble donc présent dès l'arrivée du narrateur chez les Guermantes en l'image de cet éventuel *cataclysme*. On pourrait alors se demander si celui-ci est bien de type ruiniste. Pourtant si la brièveté de l'évocation du texte définitif permet de poser la question, l'avant-texte ne laisse aucune ambiguïté:

> Pour moi j'étais pareil au sinistré qui vient d'entendre le bruit préalable du cataclysme qui va l'anéantir dans quelques secondes, et [...] je regardais les salons où pour la dernière seconde les invités rieurs et insouciants ne se doutaient pas plus que les voûtes allaient s'écrouler que ne purent faire un moment les spectateurs, les prêtres ou les simples habitants, à Gaza, rue Favart ou à Herculanum, quand commençait déjà l'éruption du Vésuve, l'accès de colère de Samson ou l'incendie de l'Opéra-Comique.[2]

L'incendie de l'Opéra-Comique rue Favart, la colère de Samson à Gaza qui fait écrouler le temple de Dagon et l'éruption du Vésuve sur Herculanum ne laissent plus aucun doute sur l'image cataclysmique inspirée du motif ruiniste qui accompagne le narrateur dès son entrée dans le salon Guermantes. A travers l'évocation de ces épisodes historiques, l'auteur combine des images de feu, d'ensevelissement et de décombres, soit en quelques mots, tout ce qui laisse de belles ruines.

La deuxième présentation du narrateur est dirigée vers le prince de Guermantes. Déçu par sa rencontre—qui a dû passer par de nombreux détours, M. de Vaugoubert, Mme de Souvré, Mme d'Arpajon, M. de Charlus, puis finalement M. de Bréauté qui accepte de faire les présentations—le narrateur, qui est alors dans les jardins, s'achemine sans la moindre hésitation vers le jet d'eau des Guermantes. Or ce passage du prince au jet d'eau, sans presque aucune transition, est intrigant, ne serait-ce que du point de vue narratif.[3] Après cette longue attente qui ne va pas sans grandir l'importance de la rencontre, le narrateur pourrait en effet rester sur sa déception. Pourtant celle-ci est vite remplacée par une autre attente, la vue du jet d'eau. Comme si finalement ce dernier était le véritable but de cette présentation dans les jardins du prince.

Or à quoi correspond cette longue entrée en matière pour arriver jusqu'au prince ou jusqu'au jet d'eau? N'équivaut-elle pas à l'entrée, parfois encore plus longue, d'une société moins huppée essayant de s'élever au-dessus de sa condition? N'oublions pas que le prince est l'un des principaux symboles de la société Guermantes. Combien d'autres aussi plus humbles encore que le narrateur suivront le même parcours? Nommons seulement Odette, future maîtresse du duc de Guermantes, et surtout Mme Verdurin, future princesse de Guermantes. Or cette élévation jusqu'au niveau du prince trouve précisément son expression symbolique en l'image d'un jet d'eau:

> D'ailleurs, le cas qui s'était présenté pour moi d'être admis dans la société des Guermantes m'avait paru quelque chose d'exceptionnel. Mais si je sortais de moi et du milieu qui m'entourait immédiatement, je voyais que ce phénomène social n'était pas aussi isolé qu'il m'avait paru d'abord et que du bassin de Combray où j'étais né, assez nombreux en somme étaient les jets d'eau qui symétriquement à moi s'étaient élevés au-dessus de la même masse liquide qui les avait alimentés. (TR, 547)

Qui dit alors ascension, dit aussi chute. Symbole de la montée sociale pour certains, le jet d'eau marque en même temps la chute de ceux qui sont encore en place.[4] Le motif ruiniste—ici sous sa forme symbolique—est donc bien présent dans cette rencontre avec le prince qui mène au jet d'eau des Guermantes.

Ainsi l'annonce du narrateur dans le salon Guermantes puis sa présentation au prince constituent une mise en matière préparant l'expression ruiniste du jet d'eau. Prolégomènes qui nous permettent avant même d'analyser le passage du jet d'eau d'anticiper deux de ses significations: au niveau social, un symbole d'ascension ou de chute, au niveau artistique, l'expression de la ruine.

D'un jet d'eau à l'autre

Après avoir fait la connaissance du prince de Guermantes, le narrateur se dirige vers ce qu'il appelle non pas *le jet d'eau des Guermantes*, mais « le célèbre jet d'eau d'Hubert Robert » (SG 2, 56). Or à quoi devons-nous cette substitution d'identité? Car s'il y a confusion entre la réalité d'un jet d'eau et son tableau, on comprend déjà mieux les élans artistiques et ruinistes qui caractériseront ce fameux « jet d'eau d'Hubert Robert ».

Si l'on considère les avant-textes, on trouve alors, à la suite de la description du jet d'eau, un autre passage évoquant « un ravissant tableau d'Hubert Robert représentant précisément le jet d'eau des jardins Guermantes, assez semblables à ce qu'ils sont aujourd'hui ».[5] Mieux encore, véritable mise en abîme de la fête qui se donne chez le prince et la princesse, on trouve dans le tableau « [a]utour du jet d'eau des gentilshommes et des femmes en mante [qui] font le cercle et admirent ».[6] De même, « un seigneur, le chapeau sous le bras, donnant le bras à une femme, monte l'escalier monumental au haut duquel j'avais vu M. de Charlus recevoir le bonjour des invités ».[7] La description du tableau continue ainsi sans laisser la moindre équivoque sur le travail du maître, plus d'un siècle plus tôt, dans le jardin Guermantes:

> Hubert Robert avait sans doute fait là son chef-d'œuvre, un tableau plus poétique que ceux qu'il a exécutés d'habitude et sans doute parce que son imagination s'était émue de retrouver dans le jardin Guermantes ces jeux d'eau qu'il avait tant décrits dans les villes d'Italie. On sentait qu'il avait fait à la fois ce qu'il avait vu et ce qui dans ses souvenirs venait naturellement s'y ajouter.[8]

L'identification du jet d'eau des jardins Guermantes avec celui du tableau d'Hubert Robert explique ainsi la disparition du deuxième passage sur le tableau d'Hubert Robert, devenu alors inutile. Or si Proust n'a pas jugé bon de reproduire cet épisode dans le texte définitif, c'est probablement parce que la description du jet d'eau, arrivée à cet état de perfection esthétique, contient tout ce qu'Hubert Robert aurait pu peindre et même plus que cela, puisque ce *jet d'eau* présente déjà dans les avant-textes de singulières formes architecturales: « circonvenu d'un portique, le jet d'eau, *pareil à quelqu'un de ces monuments élancés* qui ornaient les jardins au temps de Louis XV, élevait vers le ciel sa fière *colonne* de nuages ».[9]

Du peintre des jardins au peintre des ruines

Une dernière question se pose au sujet de l'expression liminaire du « célèbre jet d'eau d'Hubert Robert » (SG 2, 56): l'auteur évoque-t-il ici le peintre des jardins (ou des jets d'eau) ou le peintre ruiniste? Si le point d'intérêt initial du jet d'eau relève principalement de sa location dans les jardins des Guermantes, on doit reconnaître qu'aucune autre partie des jardins n'est décrite dans cet épisode chez le prince et la princesse. De même, d'autres détails confirment cette préférence de l'auteur pour le maître des ruines plutôt que pour le dessinateur des jardins du roi.[10] Dans l'avant-texte déjà cité plusieurs fois, Hubert Robert est présenté avant tout en peintre de ruines:

> Encore bien moins Hubert Robert à qui le goût des ruines avait donné celui de l'accident, et par conséquence du détail caractéristique et momentané (Hubert Robert, l'anecdotier des catastrophes ou seulement des transformations qui a représenté tant de monuments de Paris après leur incendie, pendant leur démolition), a-t-il hésité à montrer au fond du tableau, le long des murs de clôture, des ouvriers en train de réparer un treillage vert, analogue à celui qui les losangeait aujourd'hui.[11]

Il n'y a aucune ambiguïté dans cette description du peintre que « le goût des ruines » et « de l'accident » transforme en « anecdotier des catastrophes » et dont l'intérêt a porté à représenter « tant de monuments de Paris après leur incendie, [ou] pendant leur démolition ».

Ajoutons à ce qui semble déjà une affirmation de la part de l'auteur, deux détails qui pourraient confirmer cette emphase sur le peintre des ruines plutôt que sur le peintre des jardins. Tel Hubert Robert qui n'hésite pas à peindre des ouvriers dans son tableau du jet d'eau des Guermantes (voir le passage ci-dessus) l'auteur, dans le même esprit de dissension, semble avoir associé le « jet d'eau d'Hubert Robert » à deux *accessoires*[12] tout aussi discordants.

Premier point discordant, le rire du grand-duc Wladimir alors que Mme d'Arpajon vient de se faire arroser par le jet d'eau: « les derniers roulements militaires du rire à peine apaisés, on entend un nouveau grondement plus violent encore que l'autre. 'Bravo la vieille!' s'écriait-il en battant des mains comme au théâtre » (SG 2, 57). L'auteur semble en effet enfreindre deux des principales exigences esthétiques de toute bonne composition ruiniste, à savoir le silence et la solitude des protagonistes.[13] Mais si ce manquement aux règles nous éloigne des sentiments de mélancolie et de recueillement que devraient promouvoir une telle composition, il nous rapproche par contre du peintre des ruines qui en a fait sa marque distinctive.

Deuxième point discordant, la présence de feux de Bengale et de lampions alors que le clair de lune suffirait à éclairer le jet d'eau. Cet excès nous est présenté par Charlus qui évoque le jet d'eau en ces termes: « C'est bien joli, n'est-ce pas? C'est merveilleux. Cela pourrait être encore mieux, naturellement, en supprimant certaines choses, et alors il n'y aurait rien de pareil en France » (SG 2, 58). L'avant-texte qui suit explique plus clairement ce que Charlus propose de supprimer:

> Et avec ce clair de lune. Je regrette un peu les feux de Bengale, les lampions. Mais enfin on ne peut pas tout avoir, même de ce qui est le plus précieux et qui est généralement négatif. Ne pas avoir de feux de Bengale serait évidemment mieux. Mais c'est encore très bien cela.[14]

L'excès ou l'exubérance de cette lumière artificielle marquent effectivement tout le contraire d'un lieu favorable au recueillement. La place traditionnelle du clair de lune, propice aux épanchements des romantiques au milieu des ruines, est usurpée par des feux de Bengale et des lampions (éclairage tout à fait à l'unisson avec le rire jovial du grand-duc) et présente, à travers cette usurpation, une certaine parenté avec la peinture des ruines.[15]

Tout s'annonce donc comme si l'auteur, inspiré par Hubert Robert, préparait son lecteur à cette nouvelle poétique des ruines. Le produit final du « célèbre jet d'eau d'Hubert Robert » (SG 2, 56): une composition picturale et scripturale où se mêlent aux élans du peintre et de l'écrivain ceux d'un jet d'eau et d'une ruine constamment renouvelés.

> *La ruine exprime des oppositions encore plus tranchées du réel. Ce qui a dressé la construction dans un élan vers le haut, c'est la volonté humaine; ce qui lui donne son aspect actuel, c'est la force mécanique de la nature, dont l'activité rongeante et destructrice tend vers le bas. [....] La nature a fait de l'œuvre d'art la matière de sa création à elle, de même qu'auparavant l'art s'était servi de la nature comme de sa matière à lui.*
>
> Georg Simmel[16]

Analyse génétique du jet d'eau

L'analyse du passage sur « le célèbre jet d'eau d'Hubert Robert » (SG 2, 56) va nous permettre à présent de mieux comprendre l'origine de l'assimilation entre le jet d'eau des Guermantes, élément d'un paysage réel, et celui d'Hubert Robert, son équivalent pictural. Nous essayerons de voir comment cette assimilation a pu être rendue possible du point de vue stylistique, comment elle se développe et fonctionne. Notre but ultime consiste en fait à faire ressurgir de cette description du jet d'eau d'Hubert Robert toute la charge ruiniste qui y est en attente, soit une mise en évidence de tout ce qui a participé à la composition du texte définitif de Proust mais aussi de tout ce qui en a été oblitéré.[17] Pour cela nous aurons principalement recours aux avant-textes de la description du jet d'eau, dans lesquels pourront être puisés certains éléments pertinents à la genèse du texte définitif.[18]

Il existe huit versions du passage sur le jet d'eau d'Hubert Robert, dont la version définitive.[19] Les deux premières versions, sur la « fête des Eaux de Saint-Cloud », constituent le brouillon et le texte définitif d'une « Lettre de Bernard d'Algouvres à Françoise de Breyves » (« Lettres de Perse et d'ailleurs. Les comédiens de salon ») paru dans *La Presse* du 12 octobre 1899.[20] La troisième version est le brouillon d'un passage provenant du *Contre Sainte-Beuve*.[21] Quant aux versions suivantes, elles prennent pour cadre le jardin des Guermantes et, comme attendu, c'est à partir de là que disparaît toute emphase sur le peintre Hubert Robert.[22] Cependant, les références indirectes au peintre paysagiste n'en sont pas pour autant absentes et encore moins celles à une véritable architecture en ruine, comme nous allons pouvoir le démontrer.

Phrase 1:

> Dans une clairière réservée par de beaux arbres dont plusieurs étaient aussi anciens que lui, planté à l'écart, on le voyait de loin, svelte, immobile, durci, ne laissant agiter par la brise que la retombée plus légère de son panache pâle et frémissant.

Dans une clairière réservée ... de beaux arbres ... planté ...

Apparaissant dans une « clairière » (dont l'étymologie *clair* a donné *clairs de bois* ou *claire*, bassin d'eau) « réservée » (annonçant la clôture des arbres mais dont l'origine latine *reservare* a aussi donné lieu à *réservoir*, donc rapport avec le lieu aquatique), c'est à la fois le registre de l'eau et celui des arbres qui dominent d'abord cette phrase liminaire du passage sur le jet d'eau. Car en effet, si l'image aquatique semble inhérente au sujet, l'image végétale n'en demeure pas moins importante comme le suggère l'avant-texte de la « Lettre de Bernard d'Algouvres à Françoise de Breyves » où le jet d'eau est comparé à un arbre: « ~~élevé vers le ciel comme un bel arbre~~ » ou « il s'élançait vers le ciel comme un bel arbre » ou encore « je l'admirais élancé [...] vers le ciel comme un bel arbre » (V 1).[23] On relève de même le participe passé « planté » et plus loin, dans la dernière phrase, le mot « tige » qui complètent cette vision végétale.

... ancien[s] ...

Le détachement ou l'assimilation au milieu (arbre parmi les arbres, eau parmi les eaux) constituent donc le processus principal à partir duquel peuvent être perçues les données tangibles de la réalité.[24] Mais un autre paramètre, cette fois-ci artistique et architectural, entre dans la perspective du jet d'eau. Cette nouvelle thématique est d'abord annoncée par la référence au caractère « ancien » du jet d'eau, notation suivie dans une version antérieure par la subordonnée « qui datait des premières années du règne de Louis XV » (V 4). Associée à l'époque, on trouve dans une version encore plus ancienne une référence au « portrait [...] peint par Hubert Robert il y a plus d'un siècle » (V 2) ou qui « date de plus d'un siècle » (V 1). Ce détail explique ainsi le caractère ancien du jet d'eau et limite la source de cette image à un champ sémantique principalement artistique que l'on peut rapporter de façon générale au XVIIIe siècle, comme précisé au début de la deuxième phrase du texte définitif.

... svelte ... immobile ... durci ... panache ...

Le champ sémantique s'approfondit lorsque les adjectifs « svelte, immobile, durci », qui définissent l'apparence du jet d'eau, sont associés dans les versions antérieures au végétal, une fois de plus : « svelte, immobile durci, ~~pareil à un arbuste d'essence rare~~ » (V 6) et « svelte, immobile, <figé, durci,> ~~inflexible~~, pareil à un ~~arbre~~ arbuste d'une essence rare » (V 5). Eau durcie, arbre immobile ou objet figé, si les images font appel à des registres aussi distincts, c'est parce que le XVIIIe siècle a su en ménager les données. En effet, l'art des jardins (avec leurs fontaines) ne relève pas d'une technique si éloignée de l'architecture. Souvenons-nous des jardins de Le Nôtre, mais aussi des paysages d'Hubert Robert.[25] De plus, si l'allusion au « panache » du jet d'eau peut paraître anodine, puisqu'elle prend suivant les versions le caractère d'une « plume » (V 4), d'un « ombrage » (V 4) ou d'une « chevelure » (V 1), son appartenance au vocabulaire architectural souligne encore la parenté avec ce nouveau registre. Panache désigne en architecture un « ornement en forme de plumes qui remplace parfois le feuillage d'un chapiteau ».[26]

... la brise ...

Une dernière image de la première phrase sur le jet d'eau d'Hubert Robert constitue un accessoire significatif de la poétique des ruines. Il s'agit du rôle de la brise ou du vent (c'est ainsi que cette brise est appelée jusqu'à la version 4) qui constitue un accessoire révélateur de la poétique des ruines: le vent annonce en effet la notion de passage et donc la thématique du temps.[27]

En résumé

Ainsi la phrase liminaire de ce passage annonce les divers registres à partir desquels une lecture du jet d'eau pourra se faire. A la fois eau et végétal, le jet d'eau présente des caractéristiques architecturales et semble faire partie d'un contexte artistique propre à celui des paysages avec ruines.

Phrase 2:

> Le XVIIIe siècle avait épuré l'élégance de ses lignes, mais, fixant le style du jet, semblait en avoir arrêté la vie; à cette distance on avait l'impression de l'art plutôt que la sensation de l'eau.

Le XVIIIe siècle ... élégance de ses lignes ... style ... arrêté la vie ...

Le contexte artistique est développé dans cette deuxième phrase. Trois caractéristiques définissent ici le jet d'eau: la pureté des lignes, la fixation du style et l'absence de vie qui en est la conséquence. De même, dans cette version, le caractère figé du jet d'eau est expliqué par une référence au XVIIIe siècle. Or cette référence générale à une époque ancienne est éclaircie dans une version antérieure avec la mention du véritable agent fixateur en la personne d'un artiste, d'un créateur et finalement d'un ciseleur (travail de la pierre ou du bois):[28] « le ~~artiste créateur~~ ciseleur a fixé à jamais <~~la noblesse~~ le style>" (V 4). Nous savons qu'il s'agit ici d'Hubert Robert paysagiste et peintre de ruines, puisque cette version suit directement celles où le nom de l'artiste est donné en toutes lettres. Essayons donc maintenant de comprendre en quoi ce travail du peintre est important et comment il affectera par la suite la vision du narrateur.

... *le style* ...

Le style du jet d'eau devient alors significatif car il annonce une fois de plus le contexte architectural et ruiniste selon lequel ce jet d'eau sera perçu. Le style renvoie, dans une version antérieure, à la notion de « ~~noblesse~~ » ou à un « ornement ~~noble~~ » (V 4).[29] Ces détails, non retenus dans la version définitive, annoncent l'allusion à Versailles de la troisième phrase et rappellent l'éloge de Madame de Guermantes sur les « merveilleux jardins » du prince et de la princesse de Guermantes: « Et puis le jet d'eau, enfin, c'est vraiment Versailles dans Paris » (Gms 2, 872).[30] Or, dans le contexte d'Hubert Robert, ce style noble du jet d'eau, associé au style de Versailles, est un détail important. Il s'intègre bien au principe selon lequel « dans la classification des trois styles, la ruine appartient le plus souvent au style haut (palais, monuments), parfois au style moyen, jamais au style bas ».[31]

... *l'impression de l'art ... la sensation de l'eau* ...

Ainsi, la vie de ce jet d'eau, « vie séculaire et momentanée » comme spécifié dans la « Lettre de Bernard d'Algouvres à Françoise de Breyves » (V 2), a l'air de s'être arrêtée au XVIIIe siècle, époque à laquelle Hubert Robert en a épuré les lignes et fixé le style. C'est pourquoi « à cette distance on avait l'impression de l'art plutôt que la sensation de l'eau ». Reprenons à présent la genèse de ce passage dans le tableau qui suit car il permet de voir plus clairement la source de cette suprématie de l'art sur « la sensation de l'eau ».[32]

V 8	à cette distance on avait	l'impression de l'art	plutôt que la sensation de l'eau.
V 7	à cette distance il donnait	l'impression de l'art	plutôt que la sensation de l'eau.
V 6	il donnait à cette distance	l'impression de l'<art>	nullement la sensation de l'eau.
V 5	~~on avait~~ il donnait à cette distance	l'impression de l'art,	nullement la sensation de l'eau.
V 4	Mais de loin ~~j'avais~~ ~~j'avais~~ je n'avais		~~trop peu la sensation de l'eau~~ ~~trop peu la sensation de l'eau~~ pas la sensation de l'eau.
V 2	Je l'ai reconnu c'est donc qu'il est, qu'il est		quelque chose de plus que l'eau incessamment renouvelée
V 1	Je l'avais reconnu c'était donc encore lui. Et lui c'était donc		quelque chose, quelque chose de plus que cette eau incessamment écoulée toujours nouvelle, toujours autre, quelque chose qui restait le même

Cette surimposition de l'art à la sensation de l'eau qui n'apparaît qu'à partir des quatre dernières versions (V 5 à V 8) s'explique par un phénomène de substitution qui correspond au processus d'intégration du tableau d'Hubert Robert dans la description. Alors que dans les premières versions le texte comprenait encore des références directes à la peinture du jet d'eau ou à son auteur (V 1 à V 4), dans les versions suivantes la mention de ce tableau est intégrée au texte à travers l'expression « impression de l'art » qui remplace toute référence à cette toile. Ce « quelque chose de plus » (V 1 et 2), ce « quelque chose qui restait toujours le même » (V 1), encore indéfini dans les premières versions, prend alors la forme d'une « impression de l'art » quand la vie du jet d'eau est intégrée à celle de l'art. Car bien que le jet d'eau ait été figé, c'est de la vie artistique dont il s'agit vraiment dans ce passage.

En résumé

Cette deuxième phrase ébauche le caractère artistique du jet d'eau: celui-ci donne « l'impression de l'art plutôt que la sensation de l'eau ». Le XVIIIe siècle, et surtout Hubert Robert, ont défini le style noble de ce jet d'eau, classification à laquelle correspondent les sujets peints des tableaux de ruines.

Phrase 3:

> Le nuage humide lui-même qui s'amoncelait perpétuellement à son faîte gardait le caractère de l'époque comme ceux qui dans le ciel s'assemblent autour des palais de Versailles.

Le nuage ... s'amoncelait ... son faîte ... s'assemblent ...

La troisième phrase prépare la concrétisation de cette vie artistique en plaçant le regard au faîte du jet d'eau, c'est-à-dire symboliquement au plus haut de l'échelle des valeurs selon Proust, au niveau artistique. De plus, si le jet d'eau garde « le caractère de l'époque » (celui du XVIIIe siècle), c'est qu'il y a été *fixé* (pour reprendre l'expression de l'auteur) comme démontré précédemment. Proust semble donc inviter le lecteur à garder à l'esprit ce contexte artistique (rendu par l'image de fixité), même si en réalité un nuage « s'amoncel[le] » (image de mouvement) au-dessus du jet d'eau; il en est de même dans la comparaison pour ceux qui « s'assemblent » (image de mouvement) autour des palais de Versailles. La fixité (produit de l'art pictural) n'exclut donc nullement la mobilité qui ajoute une touche de versatilité que nous verrons associée plus tard au phénomène de création.

Le nuage ... comme ceux ... autour des palais de Versailles

Relevons de même que la comparaison du nuage du jet d'eau avec ceux des palais de Versailles revient à associer indirectement le jet d'eau à Versailles (donc l'eau à un ensemble architectural),[33] métaphore filée qui sera développée par la suite. Ajoutons aussi que l'allusion à Versailles est un autre indice qui évoque toute une « époque », son « style » et ses modes (entre autres l'apogée de la poétique des ruines). Mais plus caractéristique encore, rappelons qu'Hubert Robert en sa qualité de dessinateur des jardins du roi Louis XVI dirige précisément, avec l'aide du comte d'Angivillier à la direction des Bâtiments, la transformation du parc de Versailles.[34]

En résumé

Cette troisième phrase est une phrase de transition qui prépare le lecteur à ce que l'on ne peut voir que « de près » (phrase 4), c'est-à-dire ce que l'on pourrait appeler « l'essence rare » (phrase 1, V 4 à V 6) du jet d'eau. Elle permet également de faire apprécier derrière la fixité du style, un mouvement interne qui sera associé plus tard au processus créatif de la composition.

Phrases 4 et 5:

> Mais de près on se rendait compte que tout en respectant, comme les pierres d'un palais antique, le dessin préalablement tracé, c'était des eaux toujours nouvelles qui, s'élançant et voulant obéir aux ordres anciens de l'architecte, ne les accomplissaient exactement qu'en paraissant les violer, leurs mille bonds épars pouvant seuls donner à distance l'impression d'un unique élan.

Celui-ci était en réalité aussi souvent interrompu que l'éparpillement de la chute, alors que, de loin, il m'avait paru infléchissable, dense, d'une continuité sans lacune.

... de près ... de loin ...

Lorsque le narrateur se rapproche du jet d'eau, l'art prend sa véritable envergure. Derrière ce qui constituait « l'impression de l'art » (phrase 2), « impression d'un unique élan » (phrase 4), soit un jet d'eau « infléchissable, dense, d'une continuité sans lacune » (phrase 5), un véritable processus créatif (manifesté par des images de mouvement) prend place.

... dessin préalablement tracé ...

Ainsi, Proust développe dans les quatrième et cinquième phrases ce qu'il avait laissé entrevoir dans la phrase précédente (phrase 3), à savoir que la fixité artistique n'exclut pas le mouvement interne inhérent à la composition. Tout se passe en fait comme si, dans le registre de la peinture, l'on pouvait faire une radiographie du tableau et voir en deçà de celui-ci les touches successives qui à partir « du dessin préalablement tracé » (phrase 4) ont permis d'atteindre l'art; ou bien encore, dans le registre de l'architecture (développé par la suite), comme si une fois le premier plan du tableau dépassé, on participait à la création de ce qu'il représente véritablement, c'est-à-dire un ensemble architectural.

... ordres anciens ... l'architecte ...

Les « *ordres anciens* de l'architecte » (phrase 4) appelés aussi « tracé », « arrêts » et même « pensée » dans les versions antérieures (V 7 et V 4), ne sont autres que ceux de l' « artiste créateur ciseleur » de la deuxième phrase (V 4) dont nous avons déjà établi la parenté au peintre Hubert Robert. « Architecte » dans la version définitive ou « sculpteur » dans une version antérieure (V 4) celui-ci paraît épouser sa nouvelle fonction dont le but est de donner une finalité artistique à la pierre. L'influence d'Hubert Robert sur la composition est donc double et relève à la fois de la peinture et de l'architecture.

... pierres ... palais antique ...

Mais il ne s'agit pas de n'importe quelle architecture. Il n'est plus question des « palais de Versailles » dont il était fait mention un peu plus haut (phrase 3) et pour lesquels nous avons noté le rapport à un style relevant de l'époque du peintre et du paysagiste Hubert Robert. Cette fois-ci c'est d'un « palais antique » dont il est question, et plus précisément des « pierres » de ce palais, c'est-à-dire d'un ensemble qui a perdu son homogénéité, soit par extension d'un palais en ruine. L'empreinte d'Hubert Robert sur la composition a ainsi évolué du rapport à *l'époque* à laquelle il a peint à celui du rapport aux *sujets* qu'il peint, sujets de l'antiquité, donc en ruine. Et c'est effectivement cette image qui domine la composition lorsque l'on imagine ce jet d'eau associé plus tard à une « colonne » (phrase 7) que nous savons isolée (« à l'écart » dans la phrase 1). Ceci devient d'autant plus flagrant lorsque l'on découvre dans un avant-texte que « les pierres d'un *palais* antique » étaient en fait à l'origine celles d'un « *pilier* antique » (V 5), image emblématique de la ruine.

... eaux ... pierres ... chute ...

Dans le même registre, les « *eaux* toujours *nouvelles* » (phrase 4) du jet d'eau sont sujettes à l'« éparpillement de la *chute* » (phrase 5). Afin de mieux comprendre le mouvement constitutif de ces eaux ainsi que la portée ruiniste de leur association aux « *pierres* d'un palais antique », il nous faut à présent aller au-delà de la perception première de la « chute » d'eau, entrer dans le champ métaphorique du narrateur et percevoir une « chute » de pierres.[35] Précisons de même que la notion de nouveauté attachée à ces eaux/pierres n'est pas étrangère à la thématique des ruines. Elle constitue l'élément d'un paradoxe où la ruine, tout en relevant d'un *principe* de destruction, offre les caractéristiques d'une création toujours renouvelée.

... mille bonds épars ... éparpillement de la chute ...

En d'autres termes, bien que s'apparentant au processus de destruction (rendu par la rupture d'homogénéité perceptible dans les expressions « mille bonds épars » et « éparpillement de la chute ») le mouvement de ces « eaux [/pierres] toujours nouvelles » correspond à une mise en ruine de la vision architecturale préalablement donnée du jet d'eau et plus ouvertement développée dans la sixième phrase. Cette mise en ruine effectuée par « l'architecte » de la composition, à savoir Hubert Robert (avant tout peintre de ruines) à travers la vision du narrateur/auteur, s'opère selon un dépassement du premier plan de la composition picturale afin d'entrer dans celui de la composition architecturale (en ruine), sujet diaphane du jet d'eau.

On peut dès lors voir dans les mouvements constitutifs de cette multiple composition une allégorie de la création artistique. Entre la composition picturale (le jet d'eau devient le sujet d'une peinture) et la composition architecturale (le jet d'eau dans la peinture prend des formes architecturales en ruine) tient tout le caractère d'autonomie accordé à l'art une fois la composition picturale/ architecturale achevée.

Ce caractère d'autonomie accordé à l'art, une fois la composition terminée, est particulièrement perceptible dans l'exemple qui suit. Le mouvement des eaux/pierres qui s'élancent et veulent « obéir aux ordres anciens de l'architecte » mais « ne les accomplissaient exactement qu'en paraissant les violer » (phrase 4), rappelle, qu'une fois achevée, la création échappe à l'artiste, devient autonome et vit de sa propre vie. C'est cette consécration artistique et ruiniste que développent la sixième et la septième phrase de la description du jet d'eau.

En résumé

Les quatrième et cinquième phrases présentent le processus créatif d'une composition à la fois picturale et architecturale, car elle suit « les ordres anciens de l'architecte », mais aussi ruiniste puisque dessinant « un palais antique » dont les « pierres » semblent vouées à la « chute ». Allégorie de la création artistique, l'œuvre d'art que représente l'image initiale du jet d'eau trouve donc son autonomie par rapport à son créateur et développe ses propres élans.

Phrases 6 et 7:

> D'un peu près, on voyait que cette continuité, en apparence toute linéaire, était assurée à tous les points de l'ascension du jet, partout où il aurait dû se briser, par l'entrée en ligne, par la reprise latérale d'un jet parallèle qui montait plus haut que le premier et était lui-même, à une plus grande hauteur, mais déjà fatigante pour lui, relevé par un troisième.

> De près, des gouttes sans force retombaient de la colonne d'eau en croisant au passage leurs sœurs montantes et, parfois, déchirées, saisies dans un remous de l'air troublé par ce jaillissement sans trêve, flottaient avant d'être chavirées dans le bassin.

D'un peu près ... ascension ... [d]e près ... retombaient ...

Adoptant toujours le point de vue de la proximité (« d'un peu près » et « de près ») qui correspond à la vision de ce que nous avons appelé après Proust « l'essence rare » du jet d'eau (composition picturale, puis sur un autre plan architecturale et ruiniste), les phrases six et sept évoquent les mouvements ascendants et descendants du jet d'eau.

La sixième phrase relève particulièrement le mouvement ascendant de ce qui a l'air d'être « une continuité [...] toute linéaire », « infrangible » dans un avant-texte (V 5), mais qui est en fait constituée de trois jets parallèles se relayant les uns les autres et annonçant déjà le thème de la fragmentation.

Dans la phrase sept, le mouvement descendant des gouttes « croisant au passage leurs sœurs montantes », appelées aussi dans les avant-textes « *masses* inconsistantes » (V 5) ou « *masses* d'eau » (V 2) et comparées à « un *lest* » (V 2), domine par un cheminement inverse le long de la « *colonne* d'eau ».

... ce fondu ... cette douceur ... (V 6)

Composition picturale, architecturale et ruiniste, toutes les manifestations de l'art se relayent dans les sixième et septième phrases pour évoquer les différents plans de perception possibles du jet d'eau. La *composante picturale*, bien que pouvant être confondue dans la phase du tracé avec la composition architecturale, est plus manifeste dans les avant-textes et peut être révélée dans l'expression « ce fondu, cette douceur » (phrase 6, V 6), ou sous d'autres formes, « le fondu de la douceur » (V 5), « le fondu de sa douceur » (V 5 barrée et V 2).

... linéaire ... points ... ligne ... latérale ... parallèle ... hauteur ...

A son tour, la *composante architecturale* est rendue par un vocabulaire évoquant des problèmes de géométrie: « continuité [...] *linéaire* », « *points* de l'ascension », « entrée en *ligne* », « reprise *latérale* », « jet *parallèle* », « plus grande *hauteur* » (phrase 6).

... déchirées ... saisies ... flottaient ...

Quant à la *composante ruiniste*, découlant de la précédente et présentant l'ultime caractéristique ou vision perceptible de ce jet d'eau, elle évolue d'abord sous le thème de la brisure, « déchirées, saisies » (phrase 7), puis sous celui d'une forme de pétrification avant « la grande chute vers le bassin » (V 6 et V 5): « *flottaient* » dans la version définitive de la phrase 7, et dans les avant-textes « restaient *suspendues* [...] amollissaient de leurs hésitations » (V 6), « leur élan <force> brisée, *volatilisées* à demi, *flottaient* [...] un instant » (V 5).[36]

... chavirées ...

Si le phénomène de *chute* des gouttes d'eau ainsi que celui du processus de la ruine sont amoindris à la fin de la septième phrase— du fait de l'expression « *chavirées* dans le bassin » évoquant une réalité plutôt liquide—les versions antérieures, rendant mieux compte de la trajectoire et des dégâts occasionnés par ces « *masses* inconsistantes » (V 6), nous rapprochent de la thématique des ruines.

... *jeter* ... *tomb[er]* ... *creus[er]* ... (V 2)

Les masses sont en effet « chavirées et *mêlées à la grande chute* vers le bassin » (V 6 barré et V 5). Mais plus loin encore dans les manuscrits, le soleil, sans doute grâce à ses rayons, « semble *jeter* rapidement au bassin, comme un lest, de petites masses d'eau qui y *tombent* en y *creusant* ses seules *rides* » (V 2). *Jeter, tomber, creuser* constituent donc le mouvement initial (voir le champ sémantique) plus développé et plus proprement ruiniste qui a donné l'image finale de retournement et où l'ambiguïté de la chute d'eau ou de pierre était plus présente.

... *les rides* ... *le vent* ... (V 1)

Un dernier détail lie encore mieux cette chute emblématique à la thématique de la ruine. Nous avons déjà évoqué l'importance du vent comme accessoire des compositions ruinistes.[37] Or les *rides* dans le bassin, qui apparaissent seulement dans les deux premières versions comme manifestations du tangible, de l'altérable ou du temps, sont dans la toute première version le produit du vent: « Il n'avait d'autres rides que celles <vite effacées> que le *vent creusait* dans la pièce d'eau » (V 1). On retrouve donc bien dans les avant-textes l'idée de cette succincte mais réelle usure des choses.

... *aurait dû se briser* ... *reprise* ... *relevé* ...

Il ne faut pourtant pas méprendre cette thématique de la chute ou de l'usure avec celle de la fin. Nous avons déjà établi précédemment au sujet des « eaux/[pierres] toujours nouvelles » de la quatrième phrase, le rapport dialectique entre les principes de destruction et de nouveauté. La sixième phrase va plus loin dans cette voie car la brisure attendue du jet d'eau, phénomène inhérent et sous-entendu de la ruine, est indéniablement associée à la notion de renouvellement: « cette continuité [...] était assurée [...] *partout où il [le jet] aurait dû se briser*, par *l'entrée* en ligne, par *la reprise latérale d'un jet parallèle* [...] lui-même *relevé* par un troisième ».

... recommencements ... créations perpétuelles ... (V 6)

Plus explicites, les versions antérieures lient la brisure possible du jet d'eau non seulement à l'idée de recommencement, mais aussi à celle d'un principe de créations infinies: « cette continuité [...] faite en réalité de *recommencements*, de *créations perpétuelles* [...] *où celui-ci semblait se briser* » (V 6). Ce processus de renouvellement sous-jacent à la notion de brisure, écarte donc toute conception de la ruine comme fin en soi. Il annonce des principes régénérateurs actifs et artistiques perceptibles dans l'instant. Dans cette fonction nouvelle, l'idée de ruine ne s'assimile donc plus à la représentation d'une réalité lointaine (passée ou future) mais à la conception « d'une ruine immortelle » (S, 113) constamment renouvelée par l'art.

En résumé

Si la proximité permet de reconnaître les mouvements ascendants et descendants du jet d'eau, cette distance confirme aussi les composantes de sa constitution: composantes picturales, architecturales et enfin ruinistes. Ces trois registres, définis par un lexique très distinctif, ont tous contribué au processus créatif de la composition. Car il est en effet toujours question de création artistique, même quand il s'agit de ruine: celle-ci étant définie à travers des principes de renouvellement et de recommencement perpétuels.

Phrase 8:

> Elles contrariaient de leurs hésitations, de leur trajet en sens inverse, et estompaient de leur molle vapeur la rectitude et la tension de cette tige, portant au-dessus de soi un nuage oblong fait de mille gouttelettes, mais en apparence peint en brun doré et

immuable, qui montait, infrangible, immobile, élancé et rapide, s'ajouter aux nuages du ciel.

... tige ... gouttelettes ... rectitude ... sens inverse ...

Finalement la huitième ou dernière phrase reprend brièvement toutes les composantes précédemment évoquées du jet d'eau. Il est à la fois végétal (puisque qualifié de « tige ») et liquide (puisque produisant de la « vapeur » et « mille gouttelettes » au dessus de lui). On le reconnaît par son mouvement ascendant (« rectitude et tension ») et son mouvement descendant (« hésitations [...] en sens inverse »).

... rectitude ...

Tous les registres de l'art se manifestent de même dans cette composition picturale, architecturale et ruiniste en filigrane. Commençons par le *registre de l'architecture* dans lequel on retrouve les éléments de géométrie développés dans les phrases antérieures. La « rectitude » du jet d'eau, initiée dans les avant-textes par les expressions « élévation » (V 6), « rectiligne » (V 6), ou encore « tension et rectitude linéaires » (V 5), rappelle le trajet « linéaire » de celui-ci évoqué dans la sixième phrase ainsi que les données du « dessin préalablement tracé » de « l'architecte » de la quatrième phrase.

... estompaient ... en apparence ... peint ... brun doré ...

Le *registre de la peinture* paraît cette fois-ci plus développé que dans les phrases antérieures. L'expression « *estompaient* de leur molle vapeur », dont l'idée originelle était « *estompaient* du *mauve duvet* de leur vapeur » (V 5 et variantes dans V 6), annonce les composantes de la palette du peintre ainsi que son art. De même, le nuage au-dessus du jet d'eau « en apparence peint en brun doré » fait foi de l'empreinte picturale de la composition et de l'artifice de cette vision (du fait de « en apparence » mais aussi de l'évocation de la couleur dorée, couleur artificielle sans équivalent dans la nature) empruntée à celle du peintre que nous savons être Hubert Robert. Un avant-texte précise en effet: « couronné d'un nuage oblong [...] bien

~~qu'il semblât l'être par l'artifice d'un peintre mais qui semblait doré par un peintre~~ » (V 6).

De même, les caractéristiques picturales de ce nuage *peint* rappellent le processus de réintégration dans la vision du narrateur des données artistiques du tableau du « célèbre jet d'eau d'Hubert Robert », processus évoqué précédemment lorsqu'« on avait l'impression de l'art plutôt que la sensation de l'eau » (phrase 2). Car effectivement, dans les deux premières versions (où le jet d'eau de Saint-Cloud était encore *comparé* à celui du tableau d'Hubert Robert), « le soleil », et non pas l'artifice du peintre, « dore » le panache du jet d'eau comme un beau nuage (V 2). On peut donc expliquer l'abandon de cette image du soleil qui dore le jet d'eau, remplacée par celle du peintre qui donne une touche finale et ornementale à sa composition, par la nécessité d'assimiler le jet d'eau à son équivalent artistique, et par là de le confondre, de l'intégrer à la vision du narrateur.

... nuage ... nuages du ciel ...

A son tour, le *registre ruiniste* du jet d'eau est perceptible dans cette dernière phrase de la description. Mais contrairement aux phrases antérieures où la ruine se dessinait à partir du mouvement architectural (ascendant et descendant) du jet d'eau, celle-ci est cette fois-ci liée au thème de la peinture et plus précisément à celui du nuage qui semble peint et dont nous venons d'évoquer certaines particularités.

La ruine est initiée dans l'image de ce « nuage oblong » qui monte « s'ajouter aux nuages du ciel » et qui sont précisément « ceux qui dans le ciel s'assemblent autour des palais de Versailles » (phrase 3). Or nous avons déjà évoqué au sujet de cet ensemble de nuages, les rapports au style et au « caractère de l'époque » mais aussi à Hubert Robert, peintre ruiniste et dessinateur des jardins du roi (phrase 3).

... nuage ... mille gouttelettes ...

Plus intéressant encore, la constitution et l'apparence de ce nuage qui, en temps qu'émanation du jet d'eau, constituent une forme plus élevée, *essentielle* (dans le sens proustien) de ce dernier. Au lieu d'être perçu dans son homogénéité, il est évoqué en l'image démultipliée (paramètre de la ruine) de sa composante originelle liquide (l'eau du jet), puisque « fait de mille gouttelettes » ou mieux encore, « composé de milliers de gouttelettes » dans une version antérieure (V 6).

... doré ...

D'autre part le soleil, qui a sans doute inspiré la coloration dorée de ce nuage dans la version définitive comme dans l'avant-texte (V 2), nous l'avons vu plus haut, a chez Proust l'étrange particularité de produire des visions destructrices.[38]

A titre d'exemple, évoquons le passage suivant de *Du côté de chez Swann* où « le soleil » laissant d'abord « traîner une lueur *dorée* » se transforme ensuite en agent destructeur: « les balcons, descellés par le soleil vaporeux, flottaient devant les maisons comme des nuages d'or » (S, 397). Or ce passage est d'autant plus pertinent que l'on peut y voir le *soleil* associé à la couleur *dorée*, puis l'illusion d'une destruction occasionnée par les *vapeurs* de celui-ci, et finalement la comparaison des balcons en pierre à des nuages, le tout constituant les éléments d'une vision ruiniste.[39]

Ainsi, cette convergence thématique avec la dernière phrase de la description du jet d'eau est trop importante pour que l'on ne puisse aussi déduire le caractère ruiniste du nuage-émanation du jet d'eau. Si nous reprenons la dernière phrase de notre passage, les effets du *soleil* des premières versions sont associés dans la version définitive à la nuance *dorée* ajoutée par le peintre, ce qui permet d'établir un lien sémantique similaire à celui précédemment évoqué dans le passage de *Du côté de chez Swann*.

De même, le contexte *vaporeux*, dans le texte de *Du côté de chez Swann*, est rendu dans la description du jet d'eau par la « molle *vapeur* » des gouttes du jet d'eau, annonçant à leur tour les « mille gouttelettes » composant le nuage. Il ne reste donc que l'association du nuage à un ensemble en pierre pour achever cette vision ruiniste en l'objet du jet d'eau et du nuage qui en émane. Or la rencontre de ce nuage avec ceux dans le ciel qui plus tôt étaient définis comme ceux des palais de Versailles, les composantes architecturales du jet d'eau, ses gouttes associées aux « pierres d'un palais antique » et les nombreux autres détails évoqués précédemment sont dignes de comparaison avec l'évocation ruiniste comprise dans les nuages/balcons du passage de *Du côté de chez Swann*.[40]

En résumé

Cette huitième et dernière phrase rappelle toutes les composantes du jet d'eau (sa matière végétale et liquide, son mouvement ascendant et descendant), ainsi que tous les registres de l'art qui ont contribué à sa composition (pictural, architectural, ruiniste). Le lexique se précise en particulier dans les domaines de la peinture et de la ruine où par exemple le mot « doré » évoque aussi bien la touche du peintre que celle d'un soleil proustien reconnu pour ses qualités destructrices.

En conclusion

Proust, à travers la description du jet d'eau, a ainsi réussi à intégrer toutes les composantes du tableau d'Hubert Robert dans son travail de réécriture jusqu'à la version définitive. Dans cette dernière version, au lieu de *comparer* ce jet d'eau au tableau qu'en a fait Hubert Robert (comme cela était le cas dans le texte et l'avant-texte de la « Lettre de Bernard d'Algouvres à Françoise de Breyves », V 1 et V 2), il semble en avoir *assimilé* toutes les composantes picturales.[41]

Mieux encore, Proust aurait dépassé le premier plan pictural de la composition pour aller *un degré plus loin* que le peintre, en *intégrant* cette fois-ci à sa propre vision le caractère emblématique de ce tableau peint précisément par le maître incontesté de la peinture des ruines.[42] Si en disciple d'Elstir, Proust a donc su « décomposer l'illusion perçue par le spectateur pour retrouver *la réalité donnée par l'artiste* »,[43] il semblerait qu'en imitateur zélé il ait aussi parcouru dans l'imaginaire le chemin lui permettant de confondre encore mieux son art à celui du peintre des ruines, plaçant ça et là des indices ouvrant la voie à une vision ruiniste de ce jet d'eau.

En d'autres termes, cette fusion des éléments de la réalité avec ceux de la peinture, de l'architecture et de la ruine arrive graduellement par la métaphore puis par la métonymie, ou plutôt comme le dirait Genette par « la métonymie *dans la métaphore* ».[44] Figure métaphorique, le jet d'eau—dont l'idée première évoque la liquidité—s'apparente au végétal (le jet d'eau est *comme* un arbre). L'image métaphorique contient alors déjà, sans encore vraiment les développer, un rapport mimétique à l'architecture établi à partir de la réalité végétale (envisagé conceptuellement par les théoriciens du XVIIIe siècle),[45] mais aussi un rapport à Hubert Robert dessinateur des jardins du roi et peintre du jet d'eau (le jet d'eau est *comme* celui peint par Hubert Robert), et finalement un rapport à Versailles (le jet d'eau est *comme* ceux des palais de Versailles, du fait du lien entre les nuages qui surplombent Versailles et le jet d'eau).[46]

A partir de la métaphore se développe alors le spectre métonymique du jet d'eau. Celui-ci correspond à une appréhension artistique de la réalité dans laquelle la « pensée » du narrateur/auteur se confond à celle d'Hubert Robert qui devient tour à tour 1/ peintre du jet d'eau (premier plan de la vision diaphane: le jet d'eau *est* celui d'Hubert Robert), 2/ « architecte » de la composition interne de la toile (deuxième plan de la vision diaphane: le jet d'eau *est* une composition architecturale), puis finalement 3/ peintre de ruines dans cette vision *essentielle* du jet d'eau, relevant à la fois de la peinture et de l'architecture (le jet d'eau d'Hubert Robert est une *ruine*).[47]

> *[...] mes rêves de voyage et d'amour n'étaient que des moments—que je sépare artificiellement aujourd'hui comme si je pratiquais des sections à des hauteurs différentes d'un jet d'eau irisé et en apparence immobile—dans un même et infléchissable jaillissement de toutes les forces de ma vie.*
>
> Du côté de chez Swann

Le jet d'eau, métaphore du souvenir et de l'oubli

Objet herméneutique,[48] le jet d'eau constitue au niveau social un symbole d'ascension ou de chute, et au niveau artistique, l'expression de la ruine, nous l'avons vu plus haut. Une troisième signification doit être cependant considérée avant de clore cette partie: un jet d'eau évoquant symboliquement la source jaillissante du souvenir, et donc de l'oubli.[49]

On retrouve, dans le passage analysé précédemment sur le jet d'eau d'Hubert Robert, les hésitations du souvenir (évoquées par les hésitations des gouttes d'eau), les essais renouvelés pour atteindre un niveau à chaque fois plus élevé de compréhension (évoqués par les diverses reprises du jet d'eau) et ses apparences d'échecs (évoqués par la chute de ces gouttes perçues comme inhérentes au processus de création) qui concourent en fait à la révélation finale.

De même, les diverses perpectives du jet d'eau établies à travers les expressions « de loin », « de près », « d'un peu près », peuvent correspondre, au niveau narratif, aux diverses tentatives simultanées de perception de la réalité, soit en quelque sorte à des tranches de temps dans l'espace.

Dans cette perspective, le *bassin du jet d'eau* fait alors figure de source mémorielle inépuisable à partir de laquelle peut s'élever le souvenir du narrateur car, comme souligné dans *Le Temps retrouvé*, « [j]e savais très bien que *mon cerveau était un riche bassin minier*, où il y avait une étendue immense et fort diverse de gisements précieux » (TR, 614).

Objet issu du souvenir, le jet d'eau se trouve alors indéniablement lié à la notion de temps. Or la thématique du temps n'est-elle pas aussi liée à celle des ruines? En effet, qu'y a-t-il de plus révélateur que l'image d'une eau jaillissante constamment renouvelée ainsi que la vision artistique et ruiniste d'un jet d'eau, pour représenter cet état de changement constant?

L'image de l'eau et de la ruine concourent en effet à la même idée de passage, bien qu'associées ici à la notion de cycle. Le renouvellement continuel de l'eau et, sur le plan artistique, de la ruine, présentent des données équivoques de la réalité où se confondent présent et passé.[50] Dans le registre de l'eau, ces « eaux toujours nouvelles » et pourtant toujours anciennes puisqu'elles « *re*tombaient de la colonne d'eau » et étaient « chavirées dans le bassin » marquent bien cette double appartenance temporelle. Dans le registre de la ruine, celle-ci qui est traditionnellement reconnue comme symbole d'un passé révolu, demeure active dans ses mouvements destructifs, ou constitutifs. Marque encore une fois de cette construction cyclique où s'alimentent mutuellement présent et passé.

Métaphore du souvenir et de l'oubli, le jet d'eau est ainsi le symbole même du changement dans le temps et dans l'espace,

> [car] l'homme est cet être sans âge fixe, cet être qui a la faculté de redevenir en quelques secondes de beaucoup d'années plus jeune, et qui entouré des parois du temps où il a vécu, y *flotte*, mais comme dans un *bassin* dont le niveau changerait constamment et le mettrait *à la portée tantôt d'une époque, tantôt d'une autre.* (AD, 193)

Images emblématiques, le jet d'eau et son bassin permettent ainsi au narrateur de se plonger tour à tour dans une époque puis dans une autre, là où le souvenir le mène: des souvenirs d'enfance lorsque sa grand-mère l'initiait encore à l'art à la découverte de cet art chez les Guermantes, d'une promenade parmi les ruines féodales du bassin de Combray à une autre dans les jardins des Guermantes parmi la ruine imaginaire d'un jet d'eau.

Troisième Partie

Les Ruines du *Temps retrouvé*

> *Et les seules choses ineffables que nous ayons entendues au théâtre, c'est par une actrice vieille, quand le corps est déjà fragile et que la bouche, les regards, la mémoire trahissent la personne qui leur pardonne, mais aussi où l'âme peut jouer librement dans les ruines du corps, comme elle ne le peut pas quand une bouche fraîche et ferme, quand des yeux perçants témoignent du plaisir de vivre.*
>
> Jean Santeuil.

Paysage humain en ruine

A la fin d'*A la recherche du temps perdu*, tout semble condamné à la dégradation et à la destruction. Les années ont passé, le temps a laissé ses marques et un véritable paysage en ruine apparaît. Pourtant, bien que s'inspirant de certains éléments de la tradition ruiniste—tradition qui considère seulement un ensemble *architectural* détruit par les années comme une ruine—le paysage de la *Matinée chez la princesse de Guermantes* est avant tout un paysage *humain* dévasté par les années. Divers paysages en ruine seront ainsi évoqués, pour ne jamais finalement représenter qu'un ensemble de corps le plus souvent en harmonie avec le spectacle qu'aurait pu nous offrir la nature.

Corps social en ruine

Tout est corps en ruine, à commencer par le faubourg Saint-Germain. Car si certains membres de la société Guermantes

« avaient fini par ressembler à leur quartier, portaient sur eux comme le reflet de la rue de l'Arcade, de l'avenue du Bois, de la rue de l'Élysée » (TR, 529), tout le faubourg Saint-Germain est en retour comparé à une « douairière gâteuse » (TR, 535) ou à « une vieille femme devenue gâteuse ».[1]

> Le faubourg Saint-Germain, comme une douairière gâteuse, ne répondait que par des sourires timides à des domestiques insolents qui envahissaient ses salons, buvaient son orangeade et lui présentaient leurs maîtresses. Encore la sensation du temps écoulé et d'une petite partie disparue de mon passé m'était-elle donnée moins vivement par la destruction de cet ensemble cohérent (qu'avait été le salon Guermantes) que par l'anéantissement même de la connaissance des mille raisons, des mille nuances qui faisait que tel qui s'y trouvait encore maintenant y était tout naturellement indiqué et à sa place, tandis que tel autre qui l'y coudoyait y présentait une nouveauté suspecte. (TR, 535)

Comparé à « une douairière devenue gâteuse », le corps social que représente le faubourg Saint-Germain ne fonctionne plus comme avant: les nouveaux riches côtoient l'ancienne génération établie, les vieux domestiques vont non seulement aux mêmes soirées que leur maître ou maîtresse mais ils les présentent aussi. Inutile alors de passer par un invité de marque pour se faire connaître.[2]

Ainsi, ce n'est pas la ruine de la grandeur passée (de « [l']ensemble » du faubourg Saint-Germain jadis « cohérent »)—puisqu'elle laisse encore intact à l'esprit ce qu'elle était avant sa destruction—qui évoque le mieux le temps pour le narrateur, mais le fait qu'avec cette ruine se soit perdue la « connaissance » de ce qui faisait sa gloire, c'est-à-dire toute notion de ses distinctions hiérarchiques et constitutives.

En d'autres termes, le narrateur se sent moins affecté par les effets de la ruine *per se* que par la perte de signification qui l'accompagne. Or c'est précisément cette menace qui rendra encore plus nécessaire l'entreprise d'écriture du narrateur. L'écriture deviendra en effet le seul moyen de retarder l'oubli et le néant de ce corps social que représentait jadis le faubourg Saint-Germain et qui n'est plus qu'une ruine.

Corps individuels en ruine

Parmi le Faubourg Saint-Germain, trois corps en ruine se détachent alors de l'ensemble: celui de Charlus, du duc de Guermantes et du prince d'Agrigente. Mais bien que la ruine physique de chacun de ces personnages pourrait être présentée sur le mode tragique, il semblerait que l'art reprenne toujours la relève sur le vécu.

Evoquons d'abord Charlus: « Il n'est guère un vieux Charlus qui ne soit une ruine, où l'on ne reconnaisse avec étonnement sous tous les empâtements de la graisse et de la poudre de riz quelques fragments d'une belle femme en sa jeunesse éternelle » (TR, 570). Mi-homme, mi-femme, c'est bien un Charlus détruit extérieurement mais aussi intérieurement, à travers les « fragments » qu'il cache, qui nous est présenté. Cependant, ce n'est pas la ruine physique du vieil homme qui marque le plus le narrateur mais, tel un buste de l'antiquité grecque, sa « jeunesse éternelle ».

A son tour la « figure » du duc de Guermantes « effritée comme un bloc » ou « rongée comme une de ces belles têtes antiques trop abîmées » (TR, 594) est présentée dans ce même cadre emprunté à l'antiquité. De même, bien que « [f]ouettée de toutes parts par les vagues de souffrance, de colère de souffrir, d'avancée montante de la mort qui la circonvenaient » (TR, 594), le tragique du portrait est vite évincé par le charme d'une beauté qui prend alors des élans romantiques: « Il n'était plus qu'une ruine, mais superbe, et moins encore qu'une ruine, cette belle chose romantique que peut être un rocher dans la tempête » (TR, 594).

L'image romantique de ce « rocher dans la tempête » appelle alors une autre image, celle de Balbec dont nous avons déjà évoqué la parenté à la ville en ruine de Baalbek. En effet, le sort du duc qui « semblait bousculé dans une tragique rafale, pendant que les mèches blanches de sa magnifique chevelure moins épaisse venaient souffleter de leur écume le promontoire envahi du visage » (TR, 595) ne rappelle-t-il pas celui de ces « blondes Andromèdes » attachées « à ces terribles rochers [...] à ce rivage funèbre » (S, 129) qui évoquaient Balbec/Baalbek? « [L'] approche de la tempête où tout va sombrer » ainsi que « la proximité de la mort » du duc (TR, 595) rappellent de même Balbec/Baalbek avec ses « côtes funèbres, fameuses par tant de naufrages qu'enveloppent six mois de l'année le linceul des brumes et l'écume des vagues » (S, 377).

Ainsi, la ruine du duc de Guermantes évoque tout un paysage ancré dans l'antiquité mais dont les effets sont romantiques. Des ruines de Baalbek aux rochers dans la tempête (autre forme de ruine mais produit de la nature), la déchéance physique du duc est alors loin d'être présentée sur un mode tragique. Bien au contraire, le motif de la ruine donne au portrait une dignité, une grandeur et une pérennité que nulle autre image n'aurait pu aussi bien exprimer.

Comme le duc de Guermantes qui rappelle les ruines de Baalbek, le prince d'Agrigente évoque aussi une cité en ruine. Mais alors que pour le premier la ruine apparaît principalement à travers son portrait vieillissant, la ruine du prince d'Agrigente est d'abord évoquée par son nom, même si celui-ci ne mérite son titre de souverain de la cité antique que dans son vieil âge.

En effet, après avoir été décrit dans *Le côté de Guermantes II* comme « si entièrement dépourvu de quoi que ce fût de princier et qui pût faire penser à Agrigente » (Gms 2, 725), le prince retrouve dans la vieillesse toute la puissance et la beauté qu'inspirent l'évocation des ruines de la cité antique d'Agrigente.[3] Comme le souligne en effet le narrateur, le Temps « tout en respectant l'unité de l'être et les lois de la vie, sait changer ainsi le décor » et substitue au portrait passé « le puissant prince actuel » (TR, 513). Dès lors, si le prince était avant son vieillissement « aussi indépendant de son nom que d'une œuvre d'art qu'il eût possédée, sans porter sur soi aucun reflet d'elle » (Gms 2, 725), on peut dire qu'il devient avec le temps *aussi dépendant de son nom que d'une œuvre d'art*.

Parmi les belles ruines humaines du *Temps retrouvé,* le prince d'Agrigente ainsi promu au rang d'œuvre d'art tient donc une place de choix à la hauteur de celle de Charlus ou du duc de Guermantes. Et si comme nous l'avons vu, la ruine de Charlus évoque principalement la « jeunesse *éternelle* » d'une jeune femme (TR, 570), celle du duc de Guermantes une « belle chose *romantique* » (TR, 594), le prince d'Agrigente évoque à son tour, sous sa forme la plus authentiquement littéraire dans les « syllabes enchantées » de son nom (Gms 2, 725), une véritable *poétique* de la ruine humaine.

Dès lors, cette poétique de la ruine humaine constitue une innovation dans la thématique des ruines. En effet, rares sont les auteurs qui avant Proust se sont intéressés à la ruine du corps et encore moins à sa beauté éternelle.[4] Utilisée à des fins didactiques et morales,[5] la ruine physique n'était jamais évoquée comme un objet artistique, comme le fait Proust. Ainsi par exemple, plutôt que de comparer le destin du duc de Guermantes à Baalbek ou celui du prince à la cité d'Agrigente pour nous donner une leçon sur l'éphémérité de la vie,[6] Proust nous fait voir en filigrane derrière la ruine de ces corps, une beauté esthétique digne de celle des ruines antiques. Mieux que cela, le message de Proust semble presque contredire celui de la tradition car cette beauté éternelle est soutenue par l'idée que ces villes antiques ont malgré tout traversé les âges.

D'autres corps en ruine

Charlus, le duc de Guermantes et le prince d'Agrigente constituent ainsi les formes les plus développées de ruines. Mais toutes les évocations de ruines humaines n'en sont pas à cet état de perfection artistique où la beauté s'allie aux ravages du temps. Pourtant, quelles que soient les raisons invoquées—le temps, la vieillesse, l'absence de maquillage, le changement social ou les drogues—toute l'ancienne génération, sauf peut-être Odette,[7] porte en elle les symptômes de la dévastation.

Derniers vestiges d'une société écroulée, les composantes du paysage mondain de la matinée chez la princesse de Guermantes ont pour le moins subi une « altération profonde » (TR, 534) digne d'un renversement géologique: « On était effrayé, en pensant aux périodes qui avaient dû s'écouler avant que s'accomplît une pareille révolution dans la géologie d'un visage, de voir quelles érosions s'étaient faites le long du nez, quelles énormes alluvions au bord des joues entouraient toute la figure de leurs masses opaques et réfractaires » (TR, 524).

Lorsque l'on considère de plus près la ruine générale de tous les personnages du *Bal de têtes,* deux catégories du ruiné se distinguent alors: l'une évoquant principalement la destruction du corps par rapport à une homogénéité passée, l'autre rendant plus spécifiquement compte des marques effectives de cette destruction.[8] L'étude de ces deux catégories à travers des exemples précis du texte nous permettra de mieux comprendre leur signification: ruine nostalgique ou ruine pour elle-même.

Première catégorie du ruiné: la ruine nostalgique

Premier exemple de cette catégorie du ruiné, la destruction des « statues polychromes » que représentent, selon Charlus, les soldats: « Est-ce qu'une ville qui n'aura plus de beaux hommes ne sera pas comme une ville dont toute la statuaire aurait été brisée? [....] et je crois que j'ai le droit de parler ainsi parce que le beau est tout de même le beau dans une matière vivante » (TR, 372).

Hormis le fait que Charlus compare ici des soldats encore vivants à des statues amenées à être détruites (évocation donc d'une ruine humaine), remarquons que ceux-ci, encore intacts, sont les représentants d'un idéal esthétique classique. Or Charlus craint précisément de perdre cette beauté idéale à travers les destructions de la guerre. On peut donc avancer que les lamentations de Charlus sur la mutilation de ces soldats revêt un caractère nostalgique, puisque se rapportant à un idéal esthétique de l'objet avant sa ruine.

Autre exemple, celui d'hommes ou de femmes dont les modifications de certaines parties du visage empêchent le narrateur de retrouver le portrait passé: « de près les yeux rentraient sous des poches qui *détruisaient la ressemblance* du visage actuel *avec celle d'autrefois* qu'on avait cru trouver » (TR, 522).

Bien d'autres passages illustrent ce mouvement dialectique entre le corps ruiné et sa forme passée, où le narrateur « finissai[t] par reconnaître, non seulement eux-mêmes, mais *eux tels qu'ils étaient autrefois* [...] » (TR, 514), c'est-à-dire avant la dévastation par les années, dans cet idéal nostalgique: « [...] je m'appliquais à introduire dans le visage de l'inconnue, entièrement inconnue, l'idée qu'elle était Mme Sazerat, et *je finissais par rétablir le sens autrefois connu de ce visage* (TR, 509).

Citons un dernier exemple, cette fois-ci tiré d'un avant-texte, afin de souligner encore l'importance accordée à cet idéal esthétique: « une tempe plus calme, un bras plus lent, étaient *les seuls vestiges*, et méconnaissables, *du beau marbre antique qu'il était autrefois* ».[9] Le fils du Dr. Cottard dont il est ici question portait donc *autrefois* en lui cet idéal nostalgique de la beauté classique.

Ainsi dans cette première catégorie du corps ruiné, la ruine n'a pas de valeur en elle-même. Elle s'accompagne par contre d'un retour imaginaire sur le corps intact. C'est pourquoi, dans tous les exemples cités ci-dessus, l'emphase porte plus sur la notion de perte par rapport à cet idéal nostalgique que sur le corps ruiné. En d'autres termes, le corps dévasté n'est ici justifié que par rapport à celui qu'il était avant sa ruine. Il représente ainsi un objet déchu par rapport à son homogénéité et sa perfection passées.

Deuxième catégorie du ruiné: la ruine pour elle-même

Dans cette deuxième catégorie du ruiné, nous allons voir que le narrateur s'attache moins à la reconstruction dans le souvenir du corps ou du visage d'antan qu'à ses divers états de délabrement.[10] La ruine ainsi évoquée pour elle-même trouvera alors son existence indépendante de tout rapport au passé et, devenant le principal point d'intérêt, tendra dans un deuxième temps à être reconnue pour sa beauté.

Ainsi par exemple, si le visage d'une ancienne maîtresse de M. d'Argencourt n'est « pas trop complètement *démoli* » (TR, 504), bien d'autres le sont, à commencer dans l'avant-texte par celui de la duchesse de Guermantes, dont les « cheveux gris [...] *dévastaient* en quelque sorte son visage ».[11] Dans une version toujours antérieure de la *Matinée chez la princesse de Guermantes,* le mal de Mme de Villeparisis « *cassée* en deux, prête à tomber » est évoqué quelques lignes plus loin par le terme « *cassage* ».[12]

Après ces images de démolition, de dévastation et de cassage arrivent alors celles plus subtiles de déchiquetage et d'effritement. Ainsi, à l'instar de la figure du duc de Guermantes « effritée comme un bloc » (TR, 594), les femmes trop belles « sculptées comme un marbre aux lignes définitives *s'effritaient* comme une statue » (TR, 521). On trouve de même, dans les notes des avant-textes, que la « pesante beauté » de la duchesse de Guermantes « *s'effritait* par endroits ».[13] Cependant ce genre d'érosion du corps ne relève pas toujours de l'âge. Comme le souligne le narrateur au sujet des « traits tellement *déchiquetés* » (TR, 523) de la vicomtesse de Saint-Fiacre, consommant cocaïne et autres drogues, « [l]e Temps a ainsi des trains express et spéciaux qui mènent vite à une vieillesse prématurée » (TR, 523).

Reste à évoquer à présent le spectre des déformations: des réductions aux disproportions, des saillies aux bouffissures. Dans la série des réductions, Mme X ... « s'était *tassée* » (TR, 520), Madame de Guermantes trouve Charlus « plus *'baissé'* qu'il n'était » (TR, 569), un ministre et ancien président du Conseil est décrit comme « *diminué* de taille, changé dans sa substance et ayant l'air d'une *réduction en pierre ponce* de soi-même » (TR, 526) et le chic anglais de Bloch semble avoir « *passé au rabot* tout ce qui se pouvait effacer » (TR, 530).

A l'extrême opposé de cet ensemble de réductions, le front de Madame Verdurin « avait pris des *proportions énormes,* comme chez ces personnes dont les rhumatismes finissent par *déformer le corps* ».[14] Quant aux femmes qui jadis avaient déjà « quelque difformité de la face », peu affectées par la vieillesse, « elles étaient des *monstres*, et elles ne semblaient pas avoir plus 'changé' que des baleines » (TR, 521).

D'autres détails illustrent les exagérations ou prises à parti du narrateur: « l'Enchanteur [...] cherchait à faire *saillir une statue* de Me de Forcheville dans le corps de sa fille qui *déforme tout son corps, le rend énorme* »;[15] « Tout d'un coup M. de Cambremer détourne la tête de profil [,] je vis une *bouffissure* des joues aux coins de la bouche qui n'existait pas chez lui, je détournais pudiquement la tête comme s'il avait eu un *abcès* ».[16]

Cette deuxième catégorie du ruiné, donnant ainsi un spectacle qui offre toutes les gammes de la dévastation allant quelquefois jusqu'au grotesque, n'est cependant pas entièrement dénuée d'intérêt esthétique. En effet, si le type de la beauté classique n'est pas toujours la marque distinctive de tous les personnages de la *Matinée chez la princesse de Guermantes* (tel que cela était le cas dans la première catégorie), ils ne sont pas pour le moins privés de toute attraction artistique. Dans bien des cas, on voit apparaître un nouveau type de beauté remplaçant celle de la jeunesse: « Les traits où s'était gravée sinon la jeunesse, du moins la beauté ayant disparu chez les femmes, elles avaient cherché si, avec le visage qui leur restait, on ne pouvait s'en faire un autre » (TR, 521).

Ainsi par exemple, certaines femmes « commençaient à cinquante ans une *nouvelle sorte de beauté*, comme on prend sur le tard un nouveau métier, ou comme à une terre qui ne vaut plus rien pour la vigne on fait produire des betteraves » (TR, 521). Associé à « une terre qui ne vaut plus rien pour la vigne » le visage de ces femmes évoque bien un paysage en ruine. Et ce n'est pas la première fois que le narrateur fait usage de cette image de vigne pour évoquer un contexte ruiniste:[17] on se souvient du passage sur le « reste de la tour carrée et à demi détruite » au côté du clocher de Saint-Hilaire pour lequel, « par un matin brumeux d'automne, on aurait dit, s'élevant au-dessus du violet orageux des vignobles, une ruine de pourpre presque de la couleur de la vigne vierge » (S, 62). Or malgré toutes ces considérations sur la qualité de la terre, sur la ruine ou sur la vigne, le narrateur ne manque pas de souligner la « nouvelle sorte de beauté » qui émane de ce visage quinquagénaire.

Mais plus que de la beauté physique, la ruine du corps des personnages appelle surtout un autre type de beauté, cette fois-ci d'ordre moral. Tout semble lié, le physique et le moral—l'apparence extérieure et intérieure—comme si les personnages avaient assimilé la forme accidentée de la ruine *et* les caractéristiques morales qui s'y attachent:[18] « C'étaient bien, [...] des possibilités insoupçonnées que le temps avait tirées de telle jeune fille, mais ces possibilités, bien qu'étant toutes physiognomoniques ou corporelles, semblaient avoir quelque chose de moral » (TR, 503).

Le caractère nouveau de chacun de ces corps en ruine appelle ainsi la présence de certaines qualités morales, impensables auparavant. Le narrateur explique en effet que « [l]a bonté, la tendresse, jadis impossibles, devenaient possibles avec ces joues-là » (TR, 503-4). Il ajoute de même que « [t]ous ces traits nouveaux du visage impliquaient d'autres traits de caractère » et surtout que « c'est dans un sens social et moral qu'on pouvait dire que c'était une autre personne » (TR, 504).

Ainsi, il nous a été possible de voir que quelle que soit la catégorie du ruiné évoquée dans la *Matinée chez la princesse de Guermantes,* du corps dévasté par rapport à un idéal de beauté au corps délabré pour lui-même (allant du profil déchiqueté à la forme la plus grotesque), la ruine reste malgré tout un produit artistique où prend part sinon la beauté esthétique au moins une nouvelle forme de beauté, une beauté morale. On peut donc conclure que les ruines humaines du *Temps retrouvé,* bien que menaçantes du fait de leur message sur la fragilité de l'homme (message exprimé ici directement par des corps en ruine et non pas seulement comparés à des ensembles architecturaux, comme dans la tradition), doivent avant tout être perçues comme des êtres d'une beauté *éternelle.*

> *Le passé et le présent sont deux statues
> incomplètes: l'une a été retirée toute mutilée
> du débris des âges; l'autre n'a pas encore
> reçu sa perfection de l'avenir.*
>
> Chateaubriand, *René*

Ruine instantanée

Si le paysage humain de la *Matinée chez la princesse de Guermantes* apparaît au narrateur comme un ensemble de corps en ruine, il n'en demeure pas moins qu'après sa dernière sortie de maison de santé, ce nouvel ensemble se présente avec un effet de surprise. Les années ont passé depuis l'épisode du Paris pompéien de la guerre et pourtant le spectacle qui s'offre à la vue du narrateur ne semble en constituer que le prolongement. Victime de l'« action destructrice du Temps » (TR, 508), toute l'ancienne génération du faubourg Saint-Germain semble avoir pourtant subi une pétrification comparable, dans sa thématique de l'instantané, à celle encourue par les habitants de Pompéi lors de l'éruption du Vésuve.

Un narrateur surpris

Accessible au seul regard du narrateur qui, isolé depuis plusieurs années dans une maison de santé, n'a pu suivre auprès de ses congénères le lent travail de cet artiste qu'est le Temps (TR, 513),[19] la vieillesse de tous les personnages de la vieille génération du *Bal de têtes* s'offre comme une révélation *instantanée* du passage du temps car « on part de l'idée que les gens sont restés les mêmes et on les trouve vieux » (TR, 526). La ruine instantanée des personnages, ne reposant donc que sur le regard du narrateur (soit perçue par une âme en quête d'inspiration littéraire et poétique) constitue alors déjà une interprétation artistique de la réalité.

Or cette interprétation artistique, anticipée dans l'épisode pompéien du Paris dévasté de la guerre,[20] ne se matérialise que sous l'effet paradoxal de cet autre grand dévastateur, le Temps. Effet paradoxal, car si le temps est effectivement responsable de ce phénomène de pétrification, c'est bien l'absence de toute notion de temps qui permet au narrateur la reconnaissance de la ruine instantanée. Ainsi se comparant à cet « homme qui depuis son enfance vise une même idée » (à savoir ici l'écriture) et qui « annule chaque soir le jour écoulé et perdu », le narrateur se rend compte qu'il est « plus surpris et plus bouleversé de voir qu'il n'a cessé de vivre dans le Temps, que celui qui vit peu en soi-même, se règle sur le calendrier, et ne découvre pas d'un seul coup le total des années dont il a poursuivi quotidiennement l'addition » (TR, 508).

Personnages pétrifiés

La pétrification des personnages du *Bal de têtes* se matérialise alors selon un principe de fixité où chacun semble immobilisé dans une pose sculpturale prise dans l'instant et semblant à jamais figée.[21] Ainsi par exemple « les vieillards dont les traits avaient changé » et qui « tâchaient pourtant de garder fixée sur eux à l'état permanent, une de ces expressions fugitives qu'on prend pour une seconde de pose et avec lesquelles on essaye, soit de tirer parti d'un avantage extérieur, soit de pallier un défaut » avaient l'air d'être devenus « définitivement [...] d'immuables instantanés d'eux-mêmes » (TR, 520).

Parmi les créations sculpturales nées de l'instantanéité,[22] on trouve alors sous le thème de l'explication physiologique, la figure du duc de Guermantes dont « [l]es artères ayant perdu toute souplesse avaient donné au visage jadis épanoui une *dureté sculpturale* » (TR, 594), ainsi que celle du jeune comte de *** dont « la *rigidité physiologique* de l'artério-sclérose exagérant encore la *rectitude impassible* de la physionomie du dandy [donnait] à ces traits l'intense netteté presque grimaçante à force *d'immobilité* qu'ils auraient eue dans une étude de Mantegna ou de Michel-Ange » (TR, 518).

A son tour la Berma se révèle être une véritable statue en ruine si l'on s'en remet à la métaphore: « Cette fois c'était bien d'un marbre de l'Erechtéion qu'elle avait l'air. Ses artères durcies étant déjà à demi *pétrifiées*, on voyait de longs rubans sculpturaux parcourir les joues, avec une *rigidité minérale* » (TR, 575-76). L'image d'une statue en ruine vient en effet tout de suite à l'esprit, ne serait-ce que par l'évocation du temple de l'Erechtéion dont la longue histoire reste associée à plus d'un désastre.

D'autres personnages sont de même atteints par cette *rigidité minérale* ou portent en eux les symptômes de la pétrification. Le narrateur évoque « la rigidité, les paupières scellées » (TR, 517) de certains, la bouche « raidie » du prince de Guermantes ainsi que son visage qui « faisait l'effet d'être durci, bronzé, solennisé » (TR, 499). D'autres encore semblent fixés au sol avec leurs « semelles de plomb » (TR, 499, 512).[23]

Même Odette, qui est l'une des rares à ne pas avoir changé, est évoquée avec sa « figure étonnée et *immuable* de poupée » (TR, 526). Et le narrateur ajoute, « [d]'ailleurs, justement parce qu'elle n'avait pas changé, *elle ne semblait guère vivre* » (TR, 528). De même, après avoir été présentée « comme injectée d'un liquide, d'une espèce de *paraffine* qui gonfle la peau mais l'empêche de se modifier » (TR, 526), le sort d'Odette semble peu éloigné de celui des habitants de Pompéi anticipé dans l'épisode du Paris dévasté. Cette « espèce de *paraffine* » qui permet à Odette de défier les lois de la chronologie (TR, 526) rappelle en effet l'ambrine (mélange de paraffine et de résine) inventée par les femmes de Paris lors de l'épisode pompéien (TR, 385). Clin d'œil donc à une conservation toute relative d'Odette.

Temps pétrifié

Ainsi la ruine physique des personnages du *Bal de têtes*, qui semble instantanée aux yeux du convalescent sortant de sa maison de santé, offre une image figée du temps qui—avant que le narrateur n'en distingue les diverses couches superposées—constitue un gel prolongé de l'instant dans le temps. Ce *temps pétrifié*, voir *suspendu* avant la chute finale de ces ruines humaines, immobilise alors l'instant mais aussi l'isole par rapport à un passé plus brillant et un futur déjà initié.

Or cette fixation du temps, n'est-elle pas aussi le propre des révélations extra-temporelles dans l'épisode de la bibliothèque de *L'Adoration perpétuelle?* Le narrateur évoque en effet « ce subterfuge [qui] avait permis à mon être d'obtenir, d'isoler, d'immobiliser—la durée d'un éclair—ce qu'il n'appréhende jamais: un peu de temps à l'état pur » (TR, 451).

Dans sa vision de la ruine instantanée des personnages de la matinée chez la princesse de Guermantes, le narrateur obtient, isole et immobilise tout pareillement ce qu'il appelle plus haut « un peu de temps à l'état pur » et qu'il qualifie, dans d'autres passages du *Bal de têtes*, de réalité extra-temporelle (TR, 450, 509). En effet ce que le narrateur à du mal à *fixer*,[24] « ce trompe-l'œil qui mettait près de moi un moment du passé, incompatible avec le présent, *ce trompe-l'œil [qui] ne durait pas* » (TR, 452) ne le fait-il pas aussi durer dans cette vision pétrifiée de ruine instantanée au moment même où il s'apprête à créer son œuvre?

Cette réalité extra-temporelle ainsi redéfinie, atteinte par le narrateur et issue de sa vision de ruine instantanée, accorde alors aux personnages du *Bal de têtes* une valeur d'éternité qui leur donne en quelque sorte une « placidité immémoriale » (TR, 534). Récupérés par l'art (ce sont des ruines), immortalisés dans l'instant (tel le processus créatif), ils entrent alors dans l'histoire: « Et d'ailleurs, n'était-ce pas pour m'occuper d'eux que je vivrais loin de ceux qui se plaindraient de ne pas me voir, pour m'occuper d'eux plus à fond que je n'aurais pu le faire avec eux, pour chercher à les révéler à eux-mêmes, à les réaliser? » (TR, 564).

Ainsi révélés à eux-mêmes, ces « célibataires de l'art » évoquent-ils pour la plupart la ruine instantanée (TR, 470, 471).[25] Et s'il faut effectivement pour qu'une ruine soit reconnue comme objet esthétique que le temps ait passé afin qu'elle soit moins douloureuse, n'oublions pas que bien que pris dans l'instant, ce sont toujours des « êtres faits de temps, produits du temps ».[26]

> *Si le peintre de ruines ne me ramène pas aux vicissitudes de la vie et à la vanité des travaux de l'homme, il n'a fait qu'un amas informe de pierres.*
> Diderot, *Pensées détachées sur la peinture*

Ruine, vanité et danse macabre

Vanité des vanités, tout est vanité.[27] Telle est la pensée de l'Ecclésiaste, dans l'Ancien Testament, qui marque la thématique des ruines des humanistes aux romantiques. L'homme face au spectacle des ruines se trouve confronté à la fragilité des choses de ce monde et prend conscience de sa vulnérabilité ainsi que de la frivolité de ses entreprises. Tout n'est que vanité, car au même titre que le monument déchu, la vie de l'homme s'achève inéluctablement sur la vieillesse et la mort, soit sur une danse macabre à laquelle s'assimile celle du *Bal de têtes*.

Ainsi lorsque le narrateur fait le bilan de sa vocation dans la *Matinée chez la princesse de Guermantes*, la triple association ruine, vanité des choses humaines et danse macabre, constitue une étape essentielle avant la mise en forme de l'œuvre, dans laquelle « une place importante » doit être accordée aux vérités « qui se rapportent au temps, au temps dans lequel baignent et changent les hommes, les sociétés, les nations » (TR, 510).

La ruine: *Ainsi change la figure des choses de ce monde ...*

Dès son entrée dans le salon de la princesse de Guermantes, ex-Mme Verdurin, le narrateur se trouve face à un ensemble de visages grimés qu'il attribue, dans un premier temps, plus au fait d'un « déguisement » dans un univers théâtral qu'aux marques du temps (TR, 520). Bien qu'ayant connaissance « par le raisonnement » de la chute indéniable des empires et des civilisations de même que des effets attendus du temps sur l'homme et ses biens, le narrateur se rattache à la belle fixité du souvenir, repoussant ainsi le message didactique issu de la littérature traditionnelle des ruines sur la fragilité des choses humaines:

> Nous avons beau savoir que les années passent, que la jeunesse fait place à la vieillesse, que les fortunes et les trônes les plus solides s'écroulent, que la célébrité est passagère, notre manière de prendre connaissance et pour ainsi dire de prendre le cliché de cet univers mouvant, entraîné par le Temps, l'immobilise au contraire. (TR, 542)

Ainsi le narrateur a du mal à reconnaître les marques de la vieillesse chez ceux qu'il a connu jeune et imagine encore moins que tel « milliardaire » ou « souverain » puissent être « demain des fugitifs dénués de pouvoir » (TR, 542). Or cette inaptitude à reconnaître la ruine de ceux qui furent jadis jeune, milliardaire ou souverain s'explique précisément par ce lien établi entre le destin de l'homme et celui des empires. En effet, si la découverte de la vieillesse présentée au rythme des siècles s'assimile bien à la ruine de toute une nation ou civilisation, elle retarde par contre la prise de conscience du narrateur du passage de quelques années—le vieil âge vécu à l'échelle humaine étant plus proche, plus menaçant.

Très vite pourtant, le narrateur est obligé de se rendre à l'évidence que tout le faubourg Saint-Germain a subi pour le moins un « déclassement » (TR, 582, 592) car « toutes choses changent en ce monde, par l'action d'un principe intérieur auquel on n'avait pas pensé » (TR, 596). Leçon d'autant plus prenante qu'elle ne requiert pas des générations ou des siècles pour se développer, telle la ruine d'un empire, mais que les « yeux d'un [seul] homme » (TR, 596), et donc d'une génération, suffisent à rendre compte:

> Ainsi change la figure des choses de ce monde; ainsi le centre des empires, et le cadastre des fortunes, et la charte des situations, tout ce qui semblait définitif est-il perpétuellement remanié, et les yeux d'un homme qui a vécu peuvent-ils contempler le changement le plus complet là où justement il lui paraissait le plus impossible. (TR, 596)

La vanité: Cas de figures isolés et thème du salut

Petit à petit, au thème ruiniste de la fragilité des choses humaines s'associe celui sous-jacent de leur vanité. Bloch, dernier parvenu de l'ancienne génération dans le monde Guermantes, offre un bon exemple des vaines convoitises sociales de l'homme. En effet, sa carrière ascendante en fin de vie le mènera malgré tout, en temps voulu, dans cet autre monde des morts préfiguré dans la *Matinée chez la princesse de Guermantes*. C'est pourquoi le narrateur questionne l'utilité de cette entreprise tout en soulignant sa vanité car « [à] quoi cela l'avancerait-il? »:

> Bloch était entré en sautant comme une hyène. Je pensais: « Il vient dans des salons où il n'eût pas pénétré il y a vingt ans ». Mais il avait aussi vingt ans de plus. Il était plus près de la mort. A quoi cela l'avançait-il? [....] Dans dix ans, dans ces salons où leur veulerie l'aurait imposé, il entrerait en béquillant, devenu « maître », trouvant une corvée d'être obligé d'aller chez les La Trémoïlle. A quoi cela l'avancerait-il? (TR, 545)

A leur tour, les teneurs de titres déjà établis dans le monde depuis plusieurs générations ne sont pas plus à l'abri de toute vanité. L'inaccessible prince de Guermantes, qui lors de la première soirée mondaine du narrateur entraînait Swann vers le « fond du jardin [...] 'afin de le mettre à la porte' » (SG 2, 56), ruiné après la guerre, s'empresse alors d'épouser la riche Mme de Duras, ex-Mme Verdurin. De même, le vieux duc de Guermantes, coupable d'une autre vanité et d'un même vice, prendra pour maîtresse Mme de Forcheville, ex-Mme Swann.

Mais il reste encore à voir une forme plus imagée de la vanité de l'homme, celle qui relève de son abaissement par ignorance, par déchéance physique et morale. Les exemples répétés de salut à plus bas que soi (ou bien à ceux que l'on ignorait jadis) constituent alors un motif représentatif qui renouvelle le thème des vaines grandeurs passées à chacune de ses manifestations.

Ainsi Charlus—rencontré par le narrateur aux Champs-Elysées avant la matinée chez la princesse de Guermantes—« les yeux fixes, la taille voûtée » et dont « le chapeau de paille laissait voir une forêt indomptée de cheveux entièrement blancs » (TR, 437-38), inaugure ces scènes sur le thème du salut: « [...] le salut empressé et humble du baron à Mme de Saint-Euverte proclamait ce qu'a de fragile et de périssable l'amour des grandeurs de la terre et tout l'orgueil humain » (TR, 439). Or cette phrase rappelle un passage de l'*Oraison funèbre d'Henriette d'Angleterre* de Bossuet où celui-ci s'est précisément inspiré du concept de vanité de l'Ecclésiaste.[28] On retrouve par ailleurs Bossuet cité peu après dans un passage résumant bien les paramètres de cette vanité:

> Or cette nature inaccessible et précieuse qu'il avait réussi à faire croire à Mme de Saint-Euverte être essentielle à lui même, M. de Charlus l'anéantit d'un seul coup, par la timidité appliquée, le zèle peureux avec lequel il ôta un chapeau d'où les torrents de sa chevelure d'argent ruisselèrent, tout le temps qu'il laissa sa tête découverte par déférence, avec l'éloquence d'un Bossuet. (TR, 439).

Arrêtons-nous quelques instants sur le motif du chapeau. Cet emblème (de matière changeante selon le rang du porteur) double le geste du salut d'autres considérations ramenant encore à la vanité:

> Certains grands seigneurs, mais qui avaient toujours été revêtus du plus simple alpaga, coiffés de vieux chapeaux de paille que de petits bourgeois n'auraient pas voulu porter, avaient vieilli de la même façon que les jardiniers, que les paysans au milieu desquels ils avaient vécu. (TR, 524)

Noble, bourgeois, paysan ou jardinier, la vieillesse touche effectivement tout le monde sans discrimination de rang, chacun étant égal devant la mort.[29]

Autre exemple sur le thème du salut, le cas de M. d'Argencourt. Jadis « le plus fier visage, le torse le plus cambré » et depuis devenu « une loque en bouillie » (TR, 500), celui-ci apparaît d'« un accès aussi facile, aussi affable que M. de Charlus roi Lear qui se découvrait avec application devant le plus médiocre salueur » (TR, 501). Rappel donc du thème de la vanité et de la ruine physique dans ce renvoi au salut de Charlus.

Même cas de figure avec le duc de Guermantes qui « jadis orgueilleux » est aussi comparé à Charlus: « Car il n'avait pas subi la déchéance de son frère, réduit à saluer avec une politesse de malade oublieux ceux qu'il eût jadis dédaignés. Mais il était très vieux, [...] la vieillesse l'avait fait, encore plus qu'auguste, suppliant » (TR, 595). Cette vieillesse évoquée comme « l'état le plus misérable pour les hommes et qui les précipite de leur faîte le plus semblablement aux rois des tragédies grecques » (TR, 595) ne laisse alors plus aucun doute sur la vanité du duc.

Toutes ces manifestations externes liant la ruine au thème de la vanité—exprimées dans les évocations d'une société déclassée ou déchue, dans les vaines convoitises des derniers parvenus ainsi que dans le motif du salut—ne sont pourtant pas uniques. Comme nous allons le constater, elles ont pour corollaire des manifestations intériorisées de la ruine-vanité.

La vanité: Des métamorphoses aux symboles de *Vanitas*

Si l'on peut voir les rapports entre la ruine et la vanité à travers le thème du salut, et plus précisément dans les figures marquantes de Charlus, du duc de Guermantes et de M. d'Argencourt, qu'en est-il du reste de la société présente chez la princesse de Guermantes?

Touchée comme les autres par les effets du temps et de la ruine, et tout aussi porteuse du message de vanité, le reste de cette société paraît avoir en plus *assimilé* les principes de cette ruine-vanité. Cette dernière sera ici tout particulièrement perceptible dans ses effets artistiques, puisqu'à travers les métamorphoses de la vieillesse se discerneront les symboles du genre pictural de la *Vanitas*.[30]

De très nombreux personnages de la *Matinée chez la princesse de Guermantes* donnent l'impression d'avoir assimilé dans leur métamorphose (étape intermédiaire vers le dégradé ou le dévasté par rapport à un état originel) les attributs symboliques de la *Vanitas* dont voici les composantes principales: « Le crâne [...] est juxtaposé aux symboles des grandeurs (couronne, tiare), des plaisirs transitoires (fruits mûrs, fleurs fanées, aliments gâtés), des sciences (livres, instruments), de la légèreté de l'homme (bulle de savon, papillon) ou du temps (bougie prête à s'éteindre) ».[31] La métamorphose des personnages relèverait donc d'un *principe de ruine* (ils se détachent de leur état passé) et de *l'assimilation* des attributs du genre pictural de la *Vanitas* que nous allons maintenant pouvoir présenter.

Symbole de la mort

Ces « masques » (TR, 623), « masques du Temps » (TR, 511-12), sur des visages d'« une solennelle pâleur » (TR, 518) qui chez certains prennent la forme d'un « masque de plâtre [...] appliqué [par] la vieillesse » (TR, 525) ressemblent au masque de la mort. Plus particulièrement, Gilberte aux « yeux profondément forés »

(TR, 609) et surtout la Berma avec son « masque ossifié » (TR, 576) paraissent en avoir pleinement assimilé l'effet médusant.[32] Masques donc de la vieillesse ou de la mort, masques que les visages « ne peuvent enlever »,[33] ils évoquent sous leur forme la plus imagée, telles les têtes de mort des représentations de *Vanitas*, le caractère transitoire de la nature humaine ainsi que son inévitable fin.

Symboles des grandeurs

Les symboles éphémères des grandeurs, tout aussi présents dans les illustrations de *Vanitas*, sont particulièrement bien développés à travers le personnage de la duchesse de Guermantes. Or si celle-ci incarne « le Génie protecteur de la famille de Guermantes » (TR, 505), on peut déjà anticiper les retombées négatives sur les autres membres de la famille, une fois anéantis les pouvoirs de ce Génie.

Impressionnant en effet son entourage par ses « merveilleux artifices de toilette et d'esthétique », elle apparaît comme un « vieux poisson sacré, chargé de pierreries » et « *étranglé* de joyaux » (TR, 505). Un peu plus loin, le narrateur nous rappelle que son « sceptre spirituel », symbolisant sa parole devant « les hommes les plus éminents de Paris », ne scintille plus « pour ainsi dire [qu'] *à vide* » (TR, 582).[34] Malgré ses attributs royaux (bijoux, sceptres) on perçoit donc la vanité des entreprises de la duchesse de Guermantes et sa fin prochaine.

Symboles des plaisirs transitoires

A leur tour, les symboles des plaisirs transitoires semblent s'être incarnés dans de très nombreux personnages en un véritable ensemble de fruits flétris et de fleurs fanées:[35] alors que Ski n'est « pas plus modifié qu'une fleur ou un fruit qui a séché » (TR, 514), d'autres semblent « des jeunes gens de dix-huit ans extrêmement fanés » (TR, 514). Même Odette, qui est l'une des rares à ne pas avoir changé, « avait l'air d'une rose stérilisée » (TR, 528) ou d'une « cocotte d'autrefois à jamais 'naturalisée' » (TR, 526).

Toute la société Guermantes, au sens le plus large du terme, est en fait assimilée à un jardin où les fleurs séchées sont remplacées par d'autres bourgeonnantes, suivant ainsi le rythme des saisons et des nouvelles recrues:

> Ainsi, à tous les moments de sa durée, le nom de Guermantes, considéré comme un ensemble de tous les noms qu'il admettait en lui, autour de lui, subissait des déperditions, recrutait des éléments nouveaux comme ces jardins où à tout moment des fleurs à peine en bouton, et se préparant à remplacer celles qui se flétrissent déjà, se confondent dans une masse qui semble pareille, sauf à ceux qui n'ont pas toujours vu les nouvelles venues et gardent dans leur souvenir l'image précise de celles qui ne sont plus. (TR, 548)

D'autre part, la thématique des fruits abîmés est particulièrement bien développée dans les avant-textes: ainsi le visage enfantin de certains « commençait à se rider comme une pomme qui n'a pas mûri »[36] ou « pourrissait sur place à la longue comme un fruit qui n'a pas mûri ».[37] Autre métaphore intéressante, celle du narrateur évoquant des « fruits prêts à tomber, mais l'un près de l'autre, qui pèsent davantage, sont plus pleins et plus doux, et couverts d'une poudre blanche ».[38]

Symboles des sciences

Les symboles des sciences semblent avoir laissé de même une empreinte dans les premières expériences d'écriture du narrateur. Avant la révélation de sa vocation, celui-ci encore désabusé traite la littérature et les livres en pure vanité:

> [...] la pensée de mon absence de dons littéraires, que j'avais cru découvrir jadis du côté de Guermantes, que j'avais reconnue [...] à Tansonville, et [que] j'avais à peu près identifiée, [...] à la vanité, au mensonge de la littérature, [...] cette pensée qui ne

m'était pas depuis bien longtemps revenue à l'esprit, me frappa de nouveau et avec une force plus lamentable que jamais. (TR, 433)

Très vite pourtant, le narrateur détournera cette vanité à son profit en développant les outils de sa propre vocation, encore inexploités sous cette forme intériorisée par l'homme. Il développe une instrumentation symbolique du souvenir qui échappe aux contingences temporelles, « un télescope pour apercevoir des choses, très petites en effet, mais parce qu'elles étaient situées à une grande distance, et qui étaient chacune un monde » (TR, 618).

Symboles de la légèreté de l'homme

A leur tour, les symboles de la légèreté de l'homme—regroupant l'amour, le désir, la jalousie et l'inversion—semblent trouver leur objet de prédilection en M. d'Argencourt ainsi qu'en la personne du prince d'Agrigente.

M. d'Argencourt, « chargé d'affaires de Belgique et petit cousin d'alliance de Mme de Villeparisis » (II, G I 509) devenu « un vieux mendiant [...] vieux gâteux » (TR, 500), est métamorphosé en une « molle chrysalide, plutôt vibratile que remuante » offrant « un spectacle qui semblait reculer les limites entre lesquelles peuvent se mouvoir les transformations du corps humain » (TR, 501). Le passage de la chrysalide au stade de papillon (symbole de la légèreté de l'homme) n'étant qu'une affaire de temps, la métamorphose de M. d'Argencourt en chrysalide parle d'elle-même des plaisirs invertis et jaloux auxquels celui-ci s'est petit à petit adonné. Servant « comme dans une oraison funèbre ou un cours en Sorbonne, à la fois de rappel à la vanité de tout et d'exemple d'histoire naturelle » (TR, 502), le rapport à la *Vanitas* paraît confirmé par la suite.

Avec le prince d'Agrigente, la métamorphose en papillon se présente à un stade plus avancé puisque « [s]a poitrine avait pris une corpulence inconnue [...] qui avait dû nécessiter un véritable *éclatement de la frêle chrysalide que j'avais connue* » (TR, 512). Le prince d'Agrigente aurait ainsi déjà atteint la maturité du papillon lorsque se présentant chez la princesse.

Symboles du temps

Finalement, les symboles du temps participent à l'élaboration d'un nombre important de personnages de la *Matinée chez la princesse de Guermantes*, puisque portant pour la plupart, nous l'avons vu, les « masques du Temps » (TR, 511-12). Ces symboles présentés, selon notre définition de départ, sous la forme d'une bougie prête à s'éteindre, pourraient être résumés en ces termes: « Il me semblait qu'il y eût avant le cimetière toute une cité close de vieillards, aux lampes toujours allumées dans la brume » (TR, 556).

Les références temporelles ne manquent pas non plus dans les avant-textes où le passage du temps est évoqué selon les « divers cadrans que nous sommes [et] qui ne sont pas tous réglés à la même heure ». Ainsi « [l']un sonne celle du repos en même temps que l'autre celle du travail et l'un celle du châtiment par le juge quand chez le coupable celle du repentir et du changement intérieur est déjà révolue depuis longtemps ».[39]

On peut donc déjà conclure que le métamorphosé, le délabré ou le ruiné des personnages évoqués jusqu'ici donnent matière aux diverses illustrations des symboles de *Vanitas* et lient dans le même mouvement le signifiant de la ruine à l'un des signifiés les plus marquants de la littérature des ruines depuis l'antiquité, à savoir un message sur la vanité et la futilité des choses de ce monde. De ses figures les plus manifestes—lorsque les altérations profondes de cette société se présentent à l'image des empires ou des civilisations déchues—à ses expressions les plus intimes—à travers les transformations physiques et souvent dévastatrices des personnages de la matinée—la ruine-vanité enveloppe ainsi dans le même élan le *déclassé* comme le *dégradé*.

La vanité : La métaphore théâtrale

Mais tous ces personnages, illustrant diverses figures de la ruine-vanité, lorsque replacés dans le contexte théâtral et féerique qui a servi au narrateur / auteur à les mettre en scène au début du *Bal de têtes*, ne participent-ils pas aussi à une métaphore généralisée de la vanité ?[40] Le théâtre, la féerie ou même le songe, rappellent en effet à plus d'un titre le message de l'Ecclésiaste sur l'illusion dans laquelle vit l'homme.

Ainsi par exemple, la vie est devenue un songe pour la plupart des personnages de la *Matinée chez la princesse de Guermantes*, et ce songe marque déjà un pas vers la mort : « Ce n'était pas que l'aspect de ces personnes qui donnait l'idée de personnes de songe. Pour elles-mêmes la vie, déjà ensommeillée dans la jeunesse et l'amour, était de plus en plus devenue un songe » (TR, 511). Et le narrateur ajoute un peu plus loin : « Et ce songe devenait épais comme la mort chez certains vieillards » (TR, 551). De même, les évocations de « guignol » (TR, 502), de « poupée trépidante » (TR, 502), de « vieillards fantoches » (TR, 503) rappellent plus que jamais la présence modulante de cet « autre et plus puissant enchanteur [...] [qu'est] le Temps »,[41] tirant tout aussi bien les traits de la jeunesse et de la vieillesse que les ficelles de la vie et de la mort.

C'est pourquoi la description de ces êtres travestis ou fardés, portant « perruque poudrée » (TR, 517) ou « barbe postiche » (TR, 502), « grands acteurs » (TR, 500) ou « médiocre[s] dans ce rôle » (TR, 597), inspirant des « applaudissements » (TR, 500) ou au contraire « des éclats de rire » (TR, 502), « attendant, tout grimé, dans la coulisse » (TR, 545) ou rentrant « une dernière fois sur la scène avant que le rideau tombe tout à fait » (TR, 502), sont autant d'indices rappelant la scène illusoire et éphémère de la vie. Illusion et éphémérité qui ne peuvent que rejoindre le message didactique et même parfois fantastique des ruines.[42]

La danse macabre: *Le mort saisit le vif* ...

La plupart des représentations de ruines humaines que nous avons évoquées jusqu'à présent font partie d'un épisode intitulé la *Matinée chez la princesse de Guermantes* et plus spécifiquement *Le Bal de têtes*. Or ce sous-titre rappelle le genre de la danse macabre dont Emile Mâle dans *L'Art religieux du XII*^{e} *au XVIII*^{e} *siècle* relève le message moralisateur, message qui fait écho à celui de la ruine-vanité: « Brièveté de la vie, incertitude du lendemain, néant de la puissance et de la gloire: voilà les grandes vérités que proclame cette danse macabre ».[43]

Appelé successivement « bal de têtes », « bal costumé », (TR, 501) et « fête travestie » (TR, 502), cet épisode de la *Matinée chez la princesse de Guermantes* s'assimile à une danse macabre. Alors que la première illustration picturale de danse macabre (1425), au cimetière des Innocents de Paris, fut détruite en 1609, il nous reste les gravures sur bois qui accompagnaient la *Danse macabre* (1485) de l'éditeur Guy Marchant qui s'en est inspiré.[44] Or certaines caractéristiques de cette danse macabre relevées par Mâle, donc de toute évidence connues de Proust, semblent avoir inspiré quelques passages de ce dernier épisode du *Temps retrouvé*. Mâle évoque au sujet du texte et de la gravure de Marchant une série de couples, formant chacun une image dédoublée du personnage à la fois vivant et mort: « Le couple est [...] formé [...] 'd'un mort et d'un vif'. Ce mort est le double du vif; il est l'image de ce que sera ce vivant tout à l'heure ».[45]

Or Proust confondant sa mère et sa grand-mère dans *Sodome et Gomorrhe*—confusion répétée plus d'une fois dans *Le Bal de têtes* au sujet d'autres personnages—reprend ce même rapport entre le mort et le vif: « souvent, par un événement d'un autre ordre et de plus profonde origine, *le mort saisit le vif* qui devient son successeur ressemblant, le continuateur de sa vie interrompue » (SG 2, 166). Expliquant le dédoublement mère-fille par l'image du mort et du vif, Proust offre ainsi, plusieurs volumes en avance, la clé d'une des pistes de lecture du *Bal de têtes* et nous permet d'associer d'autres passages représentatifs au thème de la danse macabre.

L'exemple le plus frappant de la confusion mère-fille dans *Le Bal de têtes* est certainement celui de Gilberte avec sa mère Odette, même si cette dernière n'est pas encore morte: « 'Vous me preniez pour maman, en effet je commence à lui ressembler beaucoup'. Et je reconnus Gilberte » (TR, 558).[46] Autre exemple, celui de Mme X qui « s'était tassée et avait reproduit avec fidélité l'aspect de vieille Turque revêtue jadis par sa mère » (TR, 520).

Les exemples ne manquent pas et ils ne se limitent pas aux personnages féminins, aux relations parents-enfants ou à une ressemblance entre le vivant et mort, et donc par extension entre le jeune et le vieux.[47] L'assimilation oncle-neveu dans le couple Legrandin-Léonor de Cambremer est un exemple:

> [...] son oncle me semblait maintenant seulement le jeune Cambremer ayant pris pour s'amuser les apparences du vieillard qu'en réalité il serait un jour, si bien que ce n'était plus seulement ce qu'étaient devenus les jeunes d'autrefois, mais ce que deviendraient ceux d'aujourd'hui, qui me donnait avec tant de force la sensation du temps. (TR, 521)

Le rapport entre le mort et le vif, bien que tenant une place importante dans le développement du *Bal de têtes,* n'est cependant pas le seul indice évoquant une danse macabre. Le « petit fantôme » que représente un ministre et « qu'une main invisible promenait » (TR, 526) rappelle aussi très distinctement le thème.[48] Autre détail significatif, les « semelles de plomb » (TR, 512) attachées aux pieds de certains font écho au passage de Mâle sur « [c]es vivants, que des cadavres entraînent en dansant, [et qui] ne dansent pas; ils marchent d'un pas déjà alourdi par la mort.[49] On se souvient de même de la princesse de Nassau qui « courait à son tombeau » (TR, 558) alors que d'autres ont la robe « accrochée à la pierre du caveau » (TR, 516) ou d'autres encore « un pied dans la tombe » (TR, 557, 516).

    La ruine, la vanité et la danse macabre constituent ainsi les trois facettes d'une même réalité où apparaît un message unique : brièveté de la vie, vulnérabilité et éphémérité des choses humaines. Cette triple réalité rappelle dès lors au narrateur qu'il est grand temps qu'il écrive « [c]ar nous ne voyions pas notre propre aspect, nos propres âges, mais chacun, comme un miroir opposé, voyait celui de l'autre » (TR, 508). Signification donc d'autant plus efficace de cette ruine-vanité alliée à une danse macabre qu'elle se renouvelle à chaque fois sous de multiples manifestations.

> *Je crois que le secret de la littérature est là, et qu'un livre n'est beau qu'habilement paré de l'indifférence des ruines.*
>
> George Bataille

Ruine fondatrice

Le narrateur prend conscience de sa vieillesse à travers le spectacle dévasté de ses contemporains dans lequel il se retrouve « comme dans la première glace véridique [qu'il] eusse rencontrée » (TR, 508). La découverte de sa vulnérabilité est alors vécue tant du point de vue physique que spirituel: « Il fallait partir en effet de ceci que j'avais un corps, c'est-à-dire que j'étais perpétuellement menacé d'un double danger, extérieur, intérieur » (TR, 612).

Mieux encore, cette vision en miroir, établie à partir des corps ravagés de ses congénères, lui renvoie la vue d'une ruine: « Le corps enferme l'esprit dans une forteresse; bientôt la forteresse est assiégée de toutes parts et il faut à la fin que l'esprit se rende » (TR, 613). On peut donc avancer que si le narrateur découvre sa vieillesse à la suite de celle de ses contemporains, celle-ci, présentée dans une vision en miroir, lui est rapportée avant tout sous le signe de la ruine avec d'un côté de la réflexion un paysage humain détruit par les années et de l'autre une forteresse menacée de destruction.

La métaphore de forteresse ne demeure cependant pas un cas isolé. Celle-ci est doublée par une autre image de ruine puisque les personnages de la *Matinée chez la princesse de Guermantes*, y compris le narrateur, sont peu après présentés comme « montés sur des tours plus ou moins hautes »[50] prêtes à s'écrouler:

> [...] j'apercevais les hommes montés comme sur des échasses plus ou moins hautes, chacun sur la tour de son passé, [...] mais tours ambulantes et qui marchaient avec eux, tours nées d'eux-mêmes, faisant corps avec eux dans l'intérieur duquel, fait d'une matière translucide et vécue, ils voient jusqu'aux profondeurs et à l'écroulement de laquelle ils ne peuvent survivre; qu'ils sont forcés de faire chaque année plus haute quoiqu'ils sachent que c'est les rendre moins assurées, non pas semblables à celles à ras de terre où jouent les enfants, mais celles des vieillards qui touchent presque le ciel, mais titubent sans cesse et menacent à tout moment de s'écrouler [...]. [....] C'est parce que j'avais regardé en bas que j'avais eu le vertige en voyant la hauteur des minutes superposées et exactes qui me soutenaient, car il n'est pas d'autre temps que celui que nous avons vécu, il est notre vie et nous nous écroulons avec lui.[51]

Que nous sommes loin du temps de *Du côté de chez Swann* lorsque que ces mêmes tours apparaissaient pour la première fois sous forme de « fragments [...] bossuant la prairie » dominés « par les enfants de l'école des frères » (S, 165) ainsi que par le narrateur. Ces enfants ont grandi et le narrateur précise bien que ces tours-là ne sont pas « semblables à celles à ras de terre où jouent les enfants » mais qu'il s'agit désormais de « celles de vieillards qui touchent presque le ciel ».[52]

Soulignons par ailleurs que la version que nous lisons aujourd'hui a perdu la comparaison avec les tours. L'unique image d'hommes « juchés sur de vivantes échasses [...] d'où tout d'un coup ils tombaient » (TR, 625) suffit cependant à aider le narrateur à concevoir son âge avancé: « Je m'effrayais que les miennes fussent déjà si hautes sous mes pas » (TR, 625). Ce qu'il nous faut donc surtout retenir de ces passages, c'est que quelle que soit la métaphore, tours ou échasses, l'image renvoie toujours à la même idée d'écroulement sous le poids ou plutôt, la hauteur des années. Or celle-ci, liée à la notion de ruine, est inhérente à l'expérience du temps que se fait le narrateur mais aussi du temps qu'il lui reste pour commencer son œuvre.

La ruine des personnages suivie de celle du narrateur constitue ainsi en quelque sorte la pierre angulaire de l'écriture du narrateur, car de la prise de conscience de la fragilité de tous ces corps (y compris le sien) naît l'urgence d'en relater l'histoire. Et, encore une fois, alors que cette ruine pourrait être vécue de façon tragique, le narrateur préfère y puiser son inspiration: « [...] laissons se désagréger notre corps, puisque chaque nouvelle parcelle qui s'en détache vient, cette fois lumineuse et lisible, [...] s'ajouter à notre œuvre » (TR, 485).[53]

Fondation de l'œuvre, donc sous-jacente à son élaboration, on comprend alors mieux comment la ruine, bien que souvent inhérente à la construction de l'ensemble,[54] reste toujours discrète, presque invisible à travers ses fragments dispersés. Ruine représentant « une colonne oubliée de temps vivant vécu par moi »,[55] voici désormais le symbole de cette ruine fondatrice sur lequel l'auteur/narrateur bâtira son œuvre.

Appendice

Des Villes et des ruines

Villes bibliques[1]

Sodome

« La femme aura Gomorrhe et l'homme aura *Sodome* ». Alfred de Vigny (SG 1, 3)

« Car les deux anges qui avaient été placés aux portes de *Sodome* pour savoir si ses habitants, dit la Genèse, avaient entièrement fait toutes ces choses dont le cri était monté jusqu'à l'Éternel, avaient été, on ne peut que s'en réjouir, très mal choisis par le Seigneur, lequel n'eût dû confier la tâche qu'à un Sodomiste. [....] Et il l'aurait immédiatement fait rebrousser chemin vers la ville qu'allait détruire la pluie de feu et de soufre ». (SG 1, 32-33)

« Ils n'iraient à *Sodome* que les jours de suprême nécessité, quand leur ville serait vide, par ces temps où la faim fait sortir le loup du

---

[1] Ceci n'est pas un tableau exhaustif. Nous n'avons relevé que les villes ou ruines les plus caractéristiques dans le but d'illustrer les connaissances de Proust ainsi que de noter le nombre déjà important des références. On peut aussi consulter Michèle M. Magill, *Répertoire des références aux arts et à la littérature*, (Birmingham, AL: Summa, 1991). Magill n'a pas de catégorie pour la ruine, mais inclut certaines de ces références sous des rubriques plus générales. Nous reprenons dans notre classification les catégories de Junod (1984) évoquant les ruines bibliques, classiques et plus lointaines (61). Les mots en italique renvoient à la catégorie mentionnée dans les titres qui précèdent les citations. Les mots soulignés indiquent une seconde référence renvoyant à une autre catégorie. Les citations ne sont pas répétées.

« bois, c'est-à-dire que tout se passerait en somme comme à Londres, à Berlin, à Rome, à Pétrograd ou à Paris ». (SG 1, 33)

« Les proportions de cet ouvrage ne me permettent pas d'expliquer ici à la suite de quels incidents de jeunesse M. de Vaugoubert était un des seuls hommes du monde (peut-être le seul) qui se trouvât ce qu'on appelle à *Sodome* être 'en confidences' avec M. de Charlus ». (SG 2, 43)

« En mettant à la tête de ce petit *Sodome* diplomatique un ambassadeur aimant au contraire les femmes avec une exagération comique de compère de revue qui faisait manœuvrer en règle à son bataillon de travestis, on semblait avoir obéi à la loi des contrastes ». (SG 2, 74)

« Souvent, quand dans la salle du casino deux jeunes filles se désiraient, il se produisait comme un phénomène lumineux, une sorte de traînée phosphorescente allant de l'une à l'autre. Disons en passant que c'est à l'aide de telles matérialisations, fussent-elles impondérables, par ces signes astraux enflammant toute une partie de l'atmosphère, que Gomorrhe, dispersée, tend, dans chaque ville, dans chaque village, à rejoindre ses membres séparés, à reformer la *cité biblique* tandis que partout, les mêmes efforts sont poursuivis, fût-ce en vue d'une reconstruction intermittente, par les nostalgiques, par les hypocrites, quelquefois par les courageux exilés de *Sodome* ». (SG 2, 245-46)

« Le poète est à plaindre, et qui n'est guidé par aucun Virgile, d'avoir à traverser les cercles d'un enfer de soufre et de poix, de se jeter dans le feu qui tombe du ciel pour en ramener quelques habitants de *Sodome* ». (P, 711)

« Il avait voulu dire qu'elle était de Gomorrhe comme lui de *Sodome*, ou peut-être, s'il n'en était pas encore, ne goûtait-il plus que les femmes qu'il pouvait aimer d'une certaine manière et avec d'autres femmes ». (AD, 258)

« Je ne sais si ce fut ce nom de *Sodome* et les idées qu'il éveilla en lui, ou celle du bombardement, qui firent que M. de Charlus leva un instant les yeux au ciel, mais il les ramena bientôt sur la terre ». (TR, 386)

« Je pensais à la maison de Jupien, peut-être réduite en cendres maintenant, car une bombe était tombée tout près de moi comme je venais seulement d'en sortir, cette maison sur laquelle M. de Charlus eût pu prophétiquement écrire 'ature*Sodoma*' comme avait fait, avec non moins de prescience ou peut-être au début de l'éruption volcanique et de la catastrophe déjà commencée, l'habitant inconnu de Pompéi ». (TR, 412)

« C'est dans le même sentiment que, chaque fois qu'il arrivait [Charlus], il disait à Jupien: 'Il n'y aura pas d'alerte ce soir au moins, car je me vois d'ici calciné par ce feu du ciel comme un habitant de *Sodome*' ». (TR, 419)

Gomorrhe

« Laissons enfin pour plus tard ceux qui ont conclu un pacte avec *Gomorrhe* ». (SG 1, 25)

« Il aurait répondu: 'Oui, et ta femme souffre les tortures de la jalousie. Mais même quand ces femmes n'ont pas été choisies par toi à *Gomorrhe*, tu passes tes nuits avec un gardeur de troupeaux de l'Hébron' ». (SG 1, 32-33)

« Un autre incident fixa davantage encore mes préoccupations du côté de *Gomorrhe* ». (SG 2, 244)

« En réalité, en quittant Balbec, j'avais cru quitter *Gomorrhe*, en arracher Albertine; hélas! *Gomorrhe* était dispersée aux quatre coins du monde ». (P, 533)

« Mais la *Gomorrhe* moderne est un puzzle fait des morceaux qui viennent de là où on s'attendait le moins ». (P, 597)

Ruines classiques

Herculanum

« Dieu y est [dans les bas-reliefs romans de la cathédrale de Balbec] partout suivi, comme par deux ministres, de deux petits anges dans lesquels on reconnaît—telles ces créatures ailées et tourbillonnantes de l'été que l'hiver a surprises et épargnées—des Amours d'*Herculanum* encore en vie en plein XIIIe siècle, et traînant leur dernier vol, las mais ne manquant pas à la grâce qu'on peut attendre d'eux, sur toute la façade du porche ». (Gms 2, 649-50)

« D'ailleurs n'est-ce pas déjà, depuis un an, Pompéi par fragments, chaque soir, que ces gens se sauvant dans les caves, non pas pour en rapporter quelque vieille bouteille de mouton-rothschild ou de saint-émilion, mais pour cacher avec eux ce qu'ils ont de plus précieux, comme les prêtres d'*Herculanum* surpris par la mort au moment où ils emportaient les vases sacrés? » (TR, 385-86)

« Paris, lui, ne fut pas comme *Herculanum* fondé par Hercule. Mais que de ressemblances s'imposent! » (TR, 386)

Pompei

« La nature, comme la catastrophe de *Pompéi*, comme une métamorphose de nymphe, nous a immobilisés dans le mouvement accoutumé ». (JF, 262)

« Le soleil déclinait; il enflammait un interminable mur que notre fiacre avait à longer avant d'arriver à la rue que nous habitions, mur sur lequel l'ombre, projetée par le couchant, du cheval et de la voiture, se détachait en noir du fond rougeâtre, comme un char funèbre dans une terre cuite de *Pompéi* ». (Gms 2, 614)

« Les fêtes remplissent ce qui sera peut-être, si les Allemands avancent encore, les derniers jours de notre *Pompéi* ». (TR, 385)

« Quels documents pour l'histoire future, quand des gaz asphyxiants analogues à ceux qu'émettait le Vésuve et des écroulements comme ceux qui ensevelirent *Pompéi* garderont intactes toutes les demeures imprudentes qui n'ont pas fait encore filer pour Bayonne leurs tableaux et leurs statues! » (TR, 385)

« On a retrouvé sur les murs d'une maison de *Pompéi* cette inscription révélatrice: <u>Sodoma</u>, <u>Gomora</u> ». (TR, 386)

Athènes

« Je tâchais de la revoir [la Berma] dans mon souvenir, telle qu'elle avait été dans cette scène où je me rappelais qu'elle avait élevé le bras à hauteur de l'épaule. Et je me disais: 'Voilà l'Hespéride d'Olympie; voilà la sœur d'une de ces admirables orantes de l'*Acropole;* voilà ce que c'est qu'un art noble' ». (JF, 550-51)

« Vous pensez aux *Cariatides?* demanda Swann ». (JF, 550)

« Je parlais des Koraï de l'ancien *Erechthéion*, et je reconnais qu'il n'y a peut-être rien qui soit aussi loin de l'art de Racine, mais il y a déjà tant de choses dans *Phèdre*... , une de plus... Oh! » (JF, 550)

« En tout cas quand depuis huit jours il avait cette incessante pensée d'elle, voir le vrai visage qui était la cause de toutes ses pensées devenait quelque chose de presque curieux comme de voir telle chose célèbre, le *Parthénon* ou le Vésuve, dont on a beaucoup entendu parler ». (JF, 929-30, Esquisse XLV)

« La Berma avait, comme dit le peuple, la mort sur le visage. Cette fois c'était bien d'un marbre de l'*Erechthéion* qu'elle avait l'air. Ses artères durcies étant déjà à demi pétrifiées, on voyait de longs rubans sculpturaux parcourir les joues, avec une rigidité minérale. Les yeux mourants vivaient relativement, par contraste avec ce terrible masque ossifié, et brillaient faiblement comme un serpent endormi au milieu des pierres ». (TR, 575-76)

Rome

« Même à Paris, dans un des quartiers les plus laids de la ville, je sais une fenêtre où on voit après un premier, un second et même un troisième plan fait des toits amoncelés de plusieurs rues, une cloche violette, parfois rougeâtre, parfois aussi, dans les plus nobles 'épreuves' qu'en tire l'atmosphère, d'un noir décanté de cendres, laquelle n'est autre que le dôme de Saint-Augustin et qui donne à cette vue de Paris le caractère de certaines vues de *Rome* par Piranesi ». (S, 65)

« A la longue, sur le *Pincio*, on remarqua combien l'époux germanique avait pris de finesse italienne, et la princesse italienne de rudesse allemande ». (SG 2, 46)

« En somme, comme mon collègue Boissier, déambulant du *Palatin* à *Tibur*, je prends dans la conversation du baron une idée singulièrement plus vivante et plus savoureuse des écrivains du siècle d'Auguste ». (P, 832-33)

« Et comme, sur mon émerveillement des plafonds à caissons écussonnés provenant de l'ancien *palazzo Barberini*, de la salle où nous fumons, je laisse percer mon regret du noircissement progressif d'une certaine vasque par la cendre de nos 'londrès' [...] ». (TR, 294-95)

Carthage

« Immédiatement je reconnus la figure irrégulière inoubliable, chérie et redoutée, Chartres ! D'où venait cette apparition de la ville au bord du ciel, comme telle grande figure symbolique apparaissant la veille d'une bataille aux héros de l'Antiquité, comme *[un blanc]* vit *Carthage*, comme Enée *[interrompu]* » (S, 738, Esquisse XXVII)

Ruines plus lointaines

Ninive

« Et sous tous les souvenirs les plus doux de Swann, sous les paroles les plus simples que lui avait dites autrefois Odette, qu'il avait crues comme paroles d'évangile, sous les actions quotidiennes qu'elle lui avait racontées, sous les lieux les plus accoutumées, la maison de sa couturière, l'avenue du Bois, l'Hippodrome, il sentait, dissimulée à la faveur de cet excédent de temps qui dans les journées les plus détaillées laisse encore du jeu, de la place, et peut servir de cachette à certaines actions, il sentait s'insinuer la présence possible et souterraine de mensonges qui lui rendaient ignoble tout ce qui lui était resté le plus cher [...] faisant circuler partout un peu de la ténébreuse horreur qu'il avait ressentie en entendant l'aveu relatif à la Maison Dorée, et, comme les bêtes immondes dans la Désolation de *Ninive*, ébranlant pierre à pierre tout son passé ». (S, 365)

« Et elle [Gilberte] nous faisait entrer dans la salle à manger, sombre comme l'intérieur d'un *Temple* asiatique peint par Rembrandt, et où un gâteau architectural aussi débonnaire et familier qu'il était imposant, semblait trôner là à tout hasard comme un jour quelconque, pour le cas où il aurait pris fantaisie à Gilberte de le découronner de ses créneaux en chocolat et d'abattre ses remparts aux pentes fauves et raides, cuites au four comme les bastions du <u>palais de Darius</u>. Bien mieux, pour procéder à la destruction de la pâtisserie *ninivite*, Gilberte ne consultait pas seulement sa faim; elle s'informait encore de la mienne, tandis qu'elle extrayait pour moi du monument écroulé tout un pan verni et cloisonné de fruits écarlates, dans le goût oriental ». (JF, 497)

Suse

« [...] insuffisamment en harmonie avec un visage qui semblait rapporté du *palais de Darius* et reconstitué par Mme Dieulafoy, si choisi par quelque amateur désireux de donner un couronnement oriental à cette figure de *Suse*, ce prénom de Nissim n'avait fait planer au-dessus d'elle les ailes de quelque taureau androcéphale de Khorsabad ». (JF, 132)

« Admirable puissance de la race qui du fond des siècles pousse en avant jusque dans le Paris moderne, dans les couloirs de nos théâtres, derrière les guichets de nos bureaux, à un enterrement, dans la rue, une phalange intacte, stylisant la coiffure moderne, absorbant, faisant oublier, disciplinant la redingote, demeurée en somme toute pareille à celle des scribes assyriens peints en costume de cérémonie qui à la frise d'un monument de *Suse* défend les portes du *palais de Darius* ». (Gms 1, 488)

« Mais, au reste, parler de permanence des races rend inexactement l'impression que nous recevons des Juifs, des Grecs, des Persans, de tous ces peuples auxquels il vaut mieux laisser leur variété. Nous connaissons, par les peintures antiques, le visage des anciens Grecs, nous avons vu des Assyriens au fronton d'un palais de *Suse* ». (Gms 1, 488)

« Mais ces révélations rapides, pareilles à celles qui dans les tragédies de Racine apprennent à Athalie et à Abner que Joas est de la race de David, qu'Esther assise dans la pourpre a des parents youpins, changeant l'aspect de la légation de X... ou de tel service du ministère des Affaires étrangères, rendaient rétrospectivement ces palais aussi mystérieux que le temple de Jérusalem ou la salle du trône de *Suse* ». (SG 2, 64)

Jérusalem

« Mais ici, dans le premier salon du faubourg Saint-Germain, dans la galerie obscure, il n'y avait qu'eux. Ils étaient, en une matière précieuse, les colonnes qui soutenaient le *temple*. Même pour les réunions familières, ce n'était que parmi eux que Mme de Guermantes pouvait choisir ses convives, et dans les dîners de douze personnes, assemblés autour de la nappe servie, ils étaient comme les statues d'or des apôtres de la Sainte-Chapelle, piliers symboliques et consécrateurs, devant la Sainte Table ». (Gms 1, 331)

« [...] je pouvais me demander si je pénétrais dans le Grand-Hôtel de Balbec ou dans le *temple de Salomon* ». (SG 2, 171)

Notes

Avant-Propos

1   Marcel Proust, *A la recherche du temps perdu*, ed. Jean-Yves Tadié, Bibliothèque de la Pléiade (Paris: Gallimard, 1987). Toutes les citations d'*A la recherche du temps perdu* renvoient à cette édition. Les initiales indiquent le titre du volume de Proust (S pour *Du côté de chez Swann*, JF pour *A l'ombre des jeunes filles en fleurs*, Gms 1 et Gms 2 pour *Le côté de Guermantes* I et II, SG 1 et SG 2 pour *Sodome et Gomorrhe* I et II, P pour *La Prisonnière*, AD pour *Albertine disparue*, TR pour *Le Temps retrouvé*) et les chiffres qui suivent marquent le numéro des pages.

Première Partie: Etat des lieux de la ruine

1   Diderot commente ici le tableau d'Hubert Robert intitulé « Ruine d'un Arc de triomphe, et autres monuments ». La citation entière ouvre ce chapitre. Voir *Œuvres esthétiques* (Paris: Garnier Frères, 1959) p. 641 ou l'édition plus complète de Jean Seznec *Diderot Salons,* 2e ed., vol. 3, (Oxford: Clarendon, 1983), p. 227.

2   Sur la ruine anticipée voir Philippe Junod, « Ruines anticipées ou l'histoire au futur antérieur », *L'Homme face à son histoire* (Lausanne: Payot, 1983), pp. 23-47; « Future in the Past », *Opposition* 26 (1984), pp. 43-63; « Poétique des ruines et perception du temps: Diderot et Hubert Robert », *Colloque International Diderot (1713-1784) Paris-Sèvres-Reims-Langres, 4-11 juillet 1984,* ed. Anne-Marie Chouillet (Paris: Amateurs de Livres, 1985), pp. 321-26. On peut aussi consulter: Günter Metken, « Les Ruines anticipées », *Domus aurea, fascination des ruines*, eds. Anne et Patrick Poirier (Paris: Centre Pompidou, 1978), pp. 19-24; Werner Oechslin, « Die Bank of

England—und ihre Darstellung als Ruine », *Architese* 2 (1981), pp. 19-25; Maurice Levy, « Les Ruines dans l'art et l'écriture: Esthétique et idéologie », *Bulletin de la Société d'Etudes Anglo-Américaines des XVIIe et XVIIIe siècles* 13 (1981), pp. 141-58.

3   Nous soulignons. Il en sera de même dans la suite de cet ouvrage à moins que cela soit précisé autrement.

4   Dans les arts, la critique présente à la suite des tableaux d'Hubert Robert et parmi les contributions les plus importantes au thème de la ruine anticipée, l'église St. Jacobi de Greifswald, le tableau perdu de Caspar David Friedrich sur la cathédrale de Meissen en ruines (peint vers 1830) ainsi que la *Banque d'Angleterre de Soane* (1833) représentée par John Gandy.

5   On trouve déjà le thème du clair de lune associé à celui de la destruction dans la *Lettre à Monsieur de Fontanes* de Chateaubriand, *Voyage en Italie* in *Œuvres romanesques et voyages*, Bibliothèque de la Pléiade, vol. II (Paris: Gallimard, 1969) p. 1484, ainsi que chez Madame de Staël en 1807 avec *Corinne ou l'Italie,* eds. Mme Necker de Saussure et M. Sainte-Beuve (Paris: Garnier Frères, n.d.) p. 344 (Livre XV, chap. IV). Voir aussi le poème « A l'Arc de Triomphe » (Fev. 1837) de Victor Hugo, *Les Voix intérieures* in *Œuvres poétiques complètes* (Paris: Pauvert, 1961), pp. 211-14. Proust connaissait ce poème puisqu'il le commente dans une note de sa traduction de *Sésame et les lys* de Ruskin (Paris: Mercure de France, 1906), pp. 94-95.

6   Sur le thème spécifique du clair de lune, consulter les introductions critiques de Jean-Marcel Gautier de *Lettre à M. de Fontanes sur la campagne romaine* (Genève: Droz, 1951) et *Voyage en Italie* (Genève: Droz, 1968), ainsi que Paul Van Tieghem, *La Poésie de la nuit et des tombeaux en Europe, au XVIIIe siècle,* vol. XVI (Bruxelles: Lamertin, 1921). Sur le rapport du clair de lune et de la ruine anticipée, voir Junod, « Future in the Past », p. 55. Sur le symbolisme lunaire dans *Le Temps retrouvé,* on peut consulter Chantal Robin, *L'Imaginaire du « Temps retrouvé »: Hermétisme et écriture chez Proust* (Paris: Lettres Modernes, 1977), p. 76 et p. 96. Sur le rapport à la photographie, voir Stephen C. Infantino, *Photographic Vision in Proust* (New York: Peter Lang, 1992), p. 35.

7   Voir Jean de Cayeux, *Hubert Robert et les jardins* (Paris: Herscher, 1987) ainsi qu'André Corboz, *Peinture militante et architecture révolutionnaire: A propos du thème du tunnel chez Hubert Robert* (Basel: Birkhäuser, 1978), pp. 45-51.

8   La vogue des ruines artificielles a débuté en Angleterre puis s'est propagée en Allemagne et en France. Voir le chapitre de Roland Mortier, sur les « Ruines et jardins », *La Poétique des ruines en France: Ses Origines, ses variations de la Renaissance à Victor Hugo* (Genève: Droz, 1974), pp. 107-25, ainsi que les auteurs suivants: Daniel Mornet, « Les Jardins », *Le Sentiment de la nature en France de J.-J. Rousseau à Bernardin de Saint-Pierre,* 1ère Ed. Paris: Hachette, 1907 (New York: Burt Franklin, n.d.), pp. 218-58; Paul Zucker, *Fascination of Decay. Ruins: Relic-Symbol-Ornement* (Ridgewood, NJ: Gregg Press, 1968), pp. 195-245; Günter Hartmann, *Die Ruine im Landschaftsgarten: Ihre Bedeutung für den frühen Historismus und die Landschaftsmalerei der Romantik* (Worms: Werner'sche Verlagsgesellschaft, 1981); Corboz, *Peinture militante*.

9   Diderot, *Salon de 1767*, in *Œuvres esthétiques,* p. 644.

10   Sur ce cliché de la littérature française, qui apparaît à partir de 1840, voir Pierre Citron, *La Poésie de Paris dans la littérature française de Rousseau à Baudelaire*, vol. 2 (Paris: Minuit, 1961), p. 20, pp. 27-28 et pp. 112-13. Sur les épisodes de guerre dans *A la recherche du temps perdu,* on peut consulter Maurice Rieuneau, « La Guerre dans *Le Temps retrouvé (1927)* », *Guerre et révolution dans le roman français de 1919 à 1939* (Paris: Klincksieck, 1974) pp. 112-33 ainsi que Pascal Ifri, « Les deux côtés des 'rivages de la mort': La guerre vue par Céline et Proust », *Bulletin de la Société des Amis de Marcel Proust et des Amis de Combray* 37 (1987), pp. 33-40.

11   La politique d'expansion du IIIe Reich n'est pas à démontrer. Moins souvent développé est le désir d'Hitler de laisser, à l'image de l'empire romain, une marque dans le temps. A cet effet Albert Speer, architecte d'Hitler, explique dans sa « Théorie de la valeur des ruines » comment certains matériaux et principes d'équilibre pouvaient être appliqués afin de permettre aux bâtiments du IIIe Reich de laisser, bien des années après leur destruction, des ruines aussi belles que leurs modèles romains. Voir Albert Speer, *Inside the Third Reich,* trans. Richard and Clara Winston (New York: MacMillan, 1970), p. 56.

12   Ces références sont souvent indépendantes des comparaisons à Paris et s'attachent aussi bien au caractère légendaire des lieux en question qu'à certains détails artistiques. Voir l'appendice qui en répertorie les manifestations les plus importantes.

13 Baalbek s'écrit aussi Balbek. Voir Rose Macaulay, *Pleasure of Ruins* (New York: Walker, 1967), pour un aperçu historique et littéraire de la ville, pp. 77-84.

14 Sur l'élaboration du profil architectural de la ville normande consulter la partie intitulée « Balbec and its Region » de Richard Bales, *Proust and the Middle Ages* (Genève: Droz, 1975), pp. 53-67 et Luc Fraisse, *L'Œuvre cathédrale: Proust et l'architecture médiévale* (Paris: Corti, 1990), pp. 394-95. Sur la géographie imaginaire de Balbec voir Jean Canu, « Marcel Proust et la Normandie », *Bulletin de la Société des Amis de Marcel Proust et des Amis de Combray* 6 (1956), pp. 208-23 et 7 (1957), pp. 350-74, ainsi que Willy Hachez, « Balbec et ses environs dans *La recherche* », *Bulletin de la Société des Amis de Marcel Proust* 28 (1978), pp. 677-84.

15 Kay Bourlier, *Marcel Proust et l'architecture* (Montréal: PU de Montréal, 1980), pp. 139-41.

16 A titre d'exemple, Mercier évoque le « squelette gigantesque » d'un Paris en ruine dans *Tableau de Paris* (1790) et Volney s'intéresse au « lugubre squelette » de Palmyre dans *Les Ruines, ou Méditations sur les révolutions des empires* (1791).

17 *Le Pont de Narni* (1826-27) (National Gallery of Canada, Ottawa); *The Forum Seen from the Farnese Garden* (1826) (Le Louvre); *Temple of Minerva Medica, Rome* (1826) (Musée d'Angers); *Basilica of Constantine* (1826-1828) (Private Collection); *The Roman Campagna with the Claudian Aqueduct* (1826-28) (National Gallery, London); *Aqueducts in the Roman Campagna* (1826-1828) (Philadelphia Museum of Art); *Homer and the Shepherds* (1845) (Musée Municipal, Saint-Lô). On peut voir des reproductions de la plupart de ces tableaux dans le catalogue de l'exposition *In the Light of Italy: Corot and Early Open-Air Painting* établi par Philip Conisbee, Sarah Faunce et Jeremy Strick (New Haven: Yale UP, 1996).

18 Proust y fait allusion: « Les palais m'apparaissaient réduits à leurs simples parties et quantités de marbre pareilles à toutes autres, et l'eau comme une combinaison d'hydrogène et d'azote, éternelle, aveugle, antérieure et extérieure à Venise, ignorante des doges et de Turner » (AD, 231).

19 Citons quelques peintures au nom évocateur: *Dunstanborough Castle* (National Gallery of Victoria, Melbourne); *The Destruction of Sodom* (Tate Gallery); *The Quiet Ruin, Cattle in Water; a Sketch, Evening* (Tate Gallery); *Thomson's Aeolian Harp* (City Art Galleries, Manchester); *Newark Abbey* (c.1807) (Tate Gallery); *Forum Romanum* (Tate Gallery); *Tynemouth Priory*

(c.1820-25?) (Tate Gallery); *Seacoast with Ruin, probably the Bay of Baiae* (1828?) (Tate Gallery); *Caligula's Palace and Bridge* (Tate Gallery); *Modern Rome-Campo Vaccino* (The Earl of Rosebery). On trouvera ces reproductions dans l'ouvrage de Martin Butlin and Evelyn Joll, *The Paintings of J.M.W. Turner, Plates* (New Haven: Yale UP, 1984).

20 Bien qu'Hubert Robert ait peint de nombreux jets d'eau, il n'existe pas de tableau intitulé *Les Grandes Eaux de Saint-Cloud*. Maxime Arnold Vogely dans *A Proust Dictionary* (Troy, NY: Whiston, 1981) évoque un tableau intitulé *Le Parc de Saint-Cloud* représentant un jet d'eau (article Hubert Robert p. 596 et Saint-Cloud p. 622).

21 Selon J. Theodore Johnson, Jr., ce tableau représente un hommage de Proust à « la tradition classique des arts libéraux qui a fleuri dans la littérature et l'architecture du 12ème siècle » (97), in « Proust's Referential Strategies and the Interrelations of the Liberal and Visual Arts », *The UAB Marcel Proust Symposium: In Celebration of the 75th Anniversary of* Swann's Way *(1913-1988)*, ed. William C. Carter (Birmingham, Alabama: Summa, 1989), pp. 83-102.

22 L'un de ces tableaux s'appelle *Vesuvius in Eruption* (1817) (Collection Mr. and Mrs. Paul Mellon, Upperville, Virginia).

23 L'éruption volcanique du Vésuve a eu lieu en 79 ap. J.-C. Dans un autre passage, Proust lie Turner à Nicolas Poussin (1594-1667): « Il y a des morceaux de Turner dans l'œuvre de Poussin [...] » (SG 2, 211). Or Poussin est considéré comme l'un des premiers artistes paysagistes à s'intéresser à l'intégration des formes architecturales dans la nature. Les tableaux suivants de Turner illustrent cette intégration de la ruine dans le paysage: *L'Adoration des mages* (Le Louvre) et *Paysage avec Saint-Mathieu* (c. 1650) (Berlin). Contemporain de Nicolas Poussin, Claude Lorrain (1600-1682) continue la veine qui sera ensuite exploitée par Piranèse (1720-1778), considéré comme le maître d'Hubert Robert. Ces détails sont importants car Lorrain comme Piranèse (S, 65) trouvent aussi leur place dans *A la recherche du temps perdu*.

24 Sur le rôle initiateur de la grand-mère voir Elyane Dezon-Jones, « Death of My Grandmother/Birth of a Text », *Critical Essays on Marcel Proust* (Boston, Mass.: Hall, 1987), pp. 192-204.

25 Ce tournant dans les mentalités a lieu au XVIIIe siècle avec en particulier Diderot. Avant le XVIIIe siècle, la ruine était considérée comme représentant principalement le néant ou la fin d'une civilisation, d'une ère. A partir de

Diderot, la ruine prend un intérêt esthétique. Voir Mortier, *La Poétique des ruines en France,* Levy, « Les Ruines dans l'art et l'écriture », Ingrid Daemmrich, « The Ruins Motif as Artistic Device in French Literature », *The Journal of Aesthetics and Art Criticism* 30.4 (1972), pp. 449-57, 31.1 (1972), pp. 31-41, Jean Starobinski, « La Mélancolie dans les ruines », *L'Invention de la liberté: 1700-1789* (Paris: Skira, 1964), pp. 179-81, et Jean Galard, « La Poétique des ruines », *Word & Image / Text & Image* 4.1 (1988), pp. 231-37.

26 Deux peintures représentent le Saint-Gothard: *Le pont du Diable au Saint-Gothard* (c.1803) (Grande-Bretagne, Coll. part., prêté au Virginia Museum of Fine Arts de Richmond) et son pendant *Le Col du Saint-Gothard* (c.1803) (City Museums and Art Gallery, Birmingham).

27 Un autre passage sur le Saint-Gothard évoque ses « pentes accidentées ». Voir SG 1, pp. 3-4.

28 « Les rochers ne nous paraissent des ruines, que parce qu'ils ne sont ni équarris, ni polis, comme les pierres de nos monuments » (« Ruines de la nature » dans *Etudes de la nature* de Bernardin de Saint-Pierre, *Œuvres complètes*, vol. 3, Paris: Dupont, 1826), p. 86. Voir aussi Mornet, « La Montagne » et « La Peinture », dans *Le Sentiment de la nature en France,* pp. 259-91 et pp. 325-52. Voir de même *Les Sept Lampes de l'architecture* de Ruskin, (Paris: Denoël, 1987), p. 74, et évoquons aussi Elstir comparant l'église de Balbec à une falaise ou inversement des rochers à une cathédrale (JF 2, 254), ou encore le narrateur associant les palais de Venise à une falaise (AD, 208). Notons que c'est Paul-Joseph Barthez dans sa *Théorie du Beau dans la nature et dans l'art* (1807) qui officialise l'extension du concept de « ruine » aux roches déchiquetées. Voir Mortier, *La Poétique des ruines en France,* p. 202.

29 Sur Proust, le Moyen Âge et l'architecture, consulter: Richard Bales, *Proust and the Middle Ages;* J. Theodore Johnson, Jr., « Marcel Proust et l'architecture: Considérations sur le problème du roman-cathédrale », *Bulletin de la Société des Amis de Marcel Proust et des Amis de Combray* 24 (1974), pp. 1937-40; 25 (1975), pp. 16-34; 26 (1976), pp. 247-66; cet article a aussi été publié plus récemment en anglais dans *Critical Essays on Marcel Proust,* Barbara J. Bucknall Ed. (Boston, MA: Hall, 1987), pp. 133-61. Sur les ruines féodales d'Illiers-Combray, voir P.-L. Larcher, *Le Parfum de Combray: Pèlerinage proustien à Illiers* (Paris: Mercure de France, 1945), pp. 58-61.

30 On retrouve la même thématique du ruiné au milieu des boutons d'or dans la préface de la traduction de Proust de *Sésame et les lys:* « [...] la rivière [...] ne tardait pas à s'épandre entre des herbages [...] dont elle noyait les boutons d'or, sortes de prairies [...] qui, tenant d'un côté au village par des tours informes, restes, disait-on du moyen âge, joignait de l'autre [...] la nature qui s'étendait à l'infini [...] » (20-21).

31 Sur les effets de perspectives ou « effets optiques », on peut consulter: Juliette Monnin-Hornung, *Proust et la peinture* (Genève: Droz, 1951); Nathalie Buchet Rogers, « L'Image mentale et la lecture chez Proust: Du Palimpseste à l'hologramme », *Romance Languages Annual 1992* 4 (1993), pp. 135-42; Louis Bolle, *Marcel Proust ou le complexe d'Argus* (Paris: Grasset, 1967); Maurice E. Chernowitz, *Proust and Painting* (New York: International UP, 1945). Voir aussi Jean Milly, « L'art de la métaphore », et « Style, peinture, musique », *Proust et le style* (Genève: Slatkine, 1991), pp. 87-109, ainsi que Michel Butor, *Les Œuvres d'art imaginaires chez Proust* (London: Athlone, 1964). Pour une revue des ouvrages et articles anglo-américains abordant le travail du peintre Elstir, voir John N. Alley, « Proust and Art: The Anglo-American Critical View », *Revue de Littérature Comparée* 37.3 (1963), pp. 410-30.

32 Dans son introduction à *Sésame et les lys* Proust fait par ailleurs l'argumentation suivante sur les « lois de perspective »: « Cette apparence avec laquelle ils [les peintres] nous charment et nous déçoivent et au-delà de laquelle nous voudrions aller, c'est l'essence même de cette chose en quelque sorte sans épaisseur,—*mirage* arrêté sur une toile,—qu'est une vision. Et cette brume que nos yeux avides voudraient percer, c'est le dernier mot de l'art du peintre » (34).

33 Pour une revue de la notion d'imaginaire, voir Jean Starobinski, « Imagination », *Actes du IVe Congrès de l'association Internationale de Littérature Comparée* (The Hague-Paris: Mouton, 1966), pp. 952-63. Voir aussi Julia Kristeva dans « L'Expérience imaginaire », *Le Temps sensible: Proust et l'expérience littéraire* (Paris: Gallimard, 1994), pp. 239-45.

34 Ce passage a inspiré des études très diverses parmi lesquelles l'analyse génétique de Jean Milly, « Cris de Paris et désir des glaces dans *La Prisonnière* », *Proust dans le texte et l'avant-texte*, (Paris: Flammarion, 1985), pp.135-56; Lejeune, « Ecriture et sexualité » *Europe* 502-3 (février-mars 1971), pp.134-37; Jean-Pierre Richard, *Proust et le monde sensible* (Paris: Seuil, 1974), pp. 20, 23-24, 33-35, 92; Elisabeth Cardonne Arlyck, « Pièce montée et sorbets: Flaubert et Proust », *French Forum* 3.1 (1978), pp. 56-64;

Gérard Genette, *Palimpsestes* (Paris: Seuil, 1982), pp. 136-38; James P. Gilroy, « Food, Cooking, and Eating in Proust's *A la recherche du temps perdu* », *Twentieth Century Literature* 33.1 (1987), pp. 98-109; Colette Cosnier, « Gastronomie de Proust », *Europe* 40.496-97 (1970), pp. 152-60; Gabrielle Gourdeau-Wilson, « L'Immangeable repas proustien », *Bulletin de la Société des Amis de Marcel Proust et des Amis de Combray* 36 (1986), pp. 477-85; Sarah Benzaquen Lumpkin, « Le Rôle des clichés dans *A la recherche du temps perdu:* Le Gâteau de Gilberte », *Bulletin Marcel Proust* 41 (1991), pp. 124-32, où l'auteur évoque de façon fort intéressante le caractère sous-jacent des ruines de Ninive dans un passage d'*A l'ombre des jeunes filles en fleurs* (JF 1, 497) que nous allons évoquer par la suite.

[35] La vogue des illustrations architecturales, présentant par ailleurs souvent des monuments en ruine, a atteint tous les arts décoratifs en Europe jusqu'en plein XIXe siècle. Voir Junod, « Ruines anticipées ou l'histoire au futur antérieur », p. 27.

Deuxième Partie: Le Jet d'eau d'Hubert Robert

[1] Cette évocation cataclysmique est rappelée par le narrateur quelques lignes avant sa rencontre avec Charlus sur les Champs-Elysées et juste avant qu'il ne se rende à une autre réception chez la princesse de Guermantes: « Les plafonds que j'avais craint de voir s'écrouler quand on avait annoncé mon nom, et sous lesquels eût flotté encore pour moi beaucoup du charme et des craintes de jadis, [...] » (TR, 436). Notons que ce passage précède, comme cela est le cas dans *Sodome et Gomorrhe*, d'autres expériences liées au thème de la ruine: l'une étant la découverte d'un Charlus dévasté par les années, l'autre les retrouvailles d'un entourage marqué par le vieillissement et la dégradation physique dans *Le Bal de têtes*.

[2] La Pléiade, vol. III, Notes et Variantes, p. 1303. Ce texte provient du Cahier 11.

[3] Il y a 16 pages entre le moment où la princesse indique au narrateur l'endroit où se trouve le prince et le moment où la rencontre, qui ne prend que quelques lignes, a lieu.

[4] Pour une analyse du jet d'eau comme symbole de la mobilité sociale, voir l'étude de Catherine Bidou-Zachariasen, « Le 'jet d'eau d'Hubert Robert' ou Proust analyste de la mobilité sociale », *Ethnologie Française* 20.1 (1990), pp. 34-41.

5 La Pléiade, vol. III, Notes et Variantes, p. 1327.

6 La Pléiade, vol. III, Notes et Variantes, p. 1327. Un autre passage évoque « des groupes, comme dans un tableau du XVIIIe siècle, [qui] admiraient le fameux jet d'eau svelte et blanchâtre » (III, Notes et Variantes, p. 1309). Ce tableau du XVIIIe siècle ne peut être autre qu'un tableau d'Hubert Robert. Evoquons aussi ces « jardins magnifiques et si exactement anciens qu'ils ressemblaient à la vue qu'en a peinte Hubert Robert » (III, Notes et Variantes, p. 1300).

7 La Pléiade, vol. III, Notes et Variantes, p.1327.

8 La Pléiade, vol. III, Notes et Variantes, p. 1327.

9 La Pléiade, vol. III, Notes et Variantes, p. 1309.

10 Voir Jean de Cayeux, *Hubert Robert et les jardins.*

11 La Pléiade, vol. III, Notes et Variantes, p. 1328.

12 Nous reprenons le terme de Diderot. Voir *Essais sur la peinture* in *Œuvres esthétiques,* p. 709. Sur l'importance des accessoires voir l'article d'Anne Betty Weinshenker, « Diderot's use of the ruin-image », *Diderot Studies XVI* (Genève: Droz, 1973), pp. 309-29.

13 C'est aussi précisément ce que Diderot, théoricien de la poétique des ruines, reprochera à Hubert Robert: « [...] et puisque vous êtes voué à la peinture des ruines, sachez que ce genre a sa poétique. Vous l'ignorez absolument. Cherchez-la. Vous avez le faire, mais l'idéal vous manque. Ne sentez-vous qu'il y a trop de figures ici: qu'il en faut effacer les trois quarts? Il n'en faut réserver que celles qui ajouteront à la solitude et au silence » (*Salon de 1767* in *Œuvres esthétiques,* p. 643). Voir aussi les *Pensées détachées sur la peinture* de Diderot, p. 794 et p. 822. Sur Proust lecteur de Diderot, consulter Maurice E. Chernowitz, *Proust and Painting,* p. 14. Voir aussi Françoise Rubellin, « Proust, lecteur de Diderot? » *Revue d'Histoire Littéraire de la France* 86.5 (1986), pp. 892-99, qui compare un passage, où il est justement question de Madame d'Arpajon, à un autre dans *Jacques le Fataliste,* p. 892.

14 La Pléiade, vol. III, Notes et Variantes, pp. 1318-19. Notons que la présence du clair de lune auprès du jet d'eau d'Hubert Robert, jet d'eau vu dans ses élans ruinistes, rappelle celui du bureau du Télégraphe de Combray qui renvoyait aussi au thème de la ruine.

15 Voir entre autres le chapitre sur « La ruine anticipée ».

[16] « Réflexions suggérées par l'aspect des ruines », *Mélanges de philosophie relativiste: Contribution à la culture philosophique*, Trans. A. Guillain (Paris: Alcan, 1912), pp. 120-121.

[17] Ce passage du jet d'eau a donné lieu à des études très diverses sur les thèmes suivants: sur la mobilité sociale, voir Catherine-Zachariasen, « Le 'jet d'eau d'Hubert Robert' ou Proust analyste de la mobilité sociale »; pour une lecture psychanalytique, voir Philippe Lejeune, « Ecriture et sexualité », Jean-Pierre Richard, *Proust et le monde sensible* et Philippe Boyer, *Le Petit Pan de mur jaune* (Paris: Seuil, 1987), pp. 223-24 et p. 249 (ces trois critiques basent principalement leur étude sur la version du *Contre Sainte-Beuve*). Voir aussi Jean-François Revel, *Sur Proust: Remarques sur* A la recherche du temps perdu (Paris: Julliard: 1960), pp. 221-22, et Akio Ushiba, *L'Image de l'eau dans* A la recherche du temps perdu: *Fonctionnement et évolution* (Tokyo: France Tosho, 1979), p. 26 et pp. 102-3. Sur l'eau voir les études de Victor E. Graham, « Water Imagery and Symbolism in Proust », *The Romanic Review* 50.2 (1959), pp. 118-28, ainsi que *The Imagery of Proust* (Oxford: Blackwell, 1966), pp. 119-28.

[18] Nous emploierons le système de transcription développé par l'Institut des Textes et Manuscrits Modernes (I.T.E.M.) pour présenter ces avant-textes, hormis pour les passages barrés que nous présenterons sous cette même forme au lieu de les souligner.

[19] Nous remercions chaleureusement Bernard Brun, chercheur et directeur de l'équipe Proust à l'I.T.E.M. (C.N.R.S.), de nous avoir permis de consulter les micro-films de Proust. Nous sommes de même particulièrement redevable à Jeremy Donald Whiteley, qui a méticuleusement répertorié et transcrit les avant-textes de ce passage sur le jet d'eau d'Hubert Robert: *The Development of Proust's Style in* A la recherche du temps perdu *from the* Cahiers de Brouillon *to the Final Version* (Diss. Sidney Sussex College, U of Cambridge, 1982), pp. 34-48.

[20] La version 1 a été répertoriée par la Bibliothèque nationale sous la référence n.a.fr. 16729, 122r°-v°. Pour la version 2 voir *Essais et articles* dans *Contre Sainte-Beuve*, Bibliothèque de la Pléiade (Paris: Gallimard, 1971), pp. 427-28.

[21] Version 3: Cahier 1, 66v°.

[22] Version 4: Cahier 52, 9r°-11r°; Version 5: n.a.fr. 16709, 37r°-40r°; Version 6: n.a.fr. 16766, 20r°-21r°; Version 7: n.a.fr. 16728, 30r°-31r°; Version 8: vol. III de la Pléiade, pp. 56-57.

23 Nous ne notons que les passages des avant-textes pertinents à notre analyse. Le numéro des versions permet de situer les étapes de l'écriture de Proust jusqu'à la version définitive (version 8) donnée en tête d'analyse de chaque phrase.

24 Sur les rapports entre les images de contenu et de contenant voir entre autres l'épisode des carafes de la Vivonne analysé par Philippe Lejeune, « Les Carafes de la Vivonne » *Recherche de Proust* (Paris: Seuil, 1980), pp. 163-96. On peut aussi consulter Gérard Genette, « Métonymie chez Proust », *Figure III* (Paris: Seuil, 1972) et son principe de « qui se ressemble s'assemble (et réciproquement) » (45), Richard, *Proust et le monde sensible,* et Roxanne Hanney, *The Invisible Middle Term in Proust's* A la recherche du temps perdu (Lewiston: Mellen Press, 1990), son chapitre 2 « Container/ Contained », pp. 27-48.

25 Voir Corboz, *Peinture militante,* pp. 33-35: « [c]e gothique issu de la forêt primitive fait lui aussi figure de lieu commun au XVIIIe siècle » (35). Voir aussi Ruskin, *Les Sept Lampes de l'architecture:* « ce qui est en architecture beau ou splendide, est imité des formes naturelles » (72-73), ainsi que p. 38, p. 63, pp. 107-9.

26 Définition du *Petit Robert*.

27 Diderot souligne que « [p]resque tous les peintres de ruines vous montreront, autour de leurs fabriques solitaires, palais, villes, obélisques, ou autres édifices renversés, un vent violent qui souffle », *Essais sur la peinture* in *Œuvres esthétiques,* chap. 4, p. 709. Voir aussi Chateaubriand, *Le Génie du Christianisme,* vol. 2 (Paris: Flammarion, 1948), Troisième partie, Livre cinquième, Chapitre cinq, pp. 49-50, ainsi que Ruskin, *Les Sept Lampes de l'architecture,* p. 41. Le motif persiste chez Camus « Le vent à Djémila » de *Noces* (Paris: Gallimard, 1959), pp. 24-25. Consulter aussi Mortier, *La Poétique des ruines en France,* qui explique l'importance accordée au vent dans les écrits de la fin du XVIIIe siècle comme suit: « le discours idéologique s'accompagn[e] de notations visuelles (couleurs, végétaux) ou auditives (le vent dans les ruines) qui lui confèr[ent] une existence *actuelle*, et non plus purement rétrospective [...] » (10). Souligné par l'auteur.

28 Nous écartons volontairement le travail du fer parce qu'aucun nouvel indice dans la suite du passage ne nous permet de l'associer au thème de l'architecture mais aussi parce que nous suivons les principes de Ruskin dans son chapitre sur « La lampe de vérité » des *Sept Lampes de l'architecture:* « [...] je crois que la tendance de nos goûts actuels et de nos souvenirs est de limiter

l'idée de l'architecture au travail non métallique. [....] Sa première existence et ses premières lois doivent donc dépendre de l'emploi de matériaux accessibles comme quantité et à portée de la surface de la terre, c'est-à-dire d'argile, de bois ou de pierre » (41-42).

29 On trouve déjà dans cette qualification d'ornement toute la charge architecturale du jet d'eau qui sera développée par la suite. Voir *Les Sept Lampes de l'architecture,* pour une définition de ce qui constitue un ornement selon Ruskin ainsi que ce qui lui donne de la noblesse, p. 121, p. 155.

30 Probablement simple hasard dans ce cas-ci, il est cependant intéressant de noter que Versailles en ruine est un motif de la littérature ruiniste: voir Chateaubriand, *Le Génie du Christianisme,* vol. 1, Troisième Partie, Livre Premier, Chapitre 7, pp. 297-98; voir aussi Mortier, *La Poétique des ruines en France,* au sujet de *L'An 2440* (1770) de Mercier qui imagine « une curieuse visite aux ruines du palais de Versailles », p. 135, note 1.

31 Mortier, *La Poétique des ruines en France,* p. 9. Voir aussi la définition de *L'Encyclopédie* de Diderot à l'article *Ruine:* « Ruine ne se dit que des palais, des tombeaux somptueux ou des monuments publics. On ne dit point *ruine* en parlant d'une maison particulière de paysans ou bourgeois; on dirait alors *bâtiments ruinés* ». Souligné par l'auteur.

32 Il n'y a pas de version 3 car dans le cours passage du *Contre Sainte-Beuve* il n'est pas fait cas de cette perception artistique.

33 Ce qui revient à prendre au pied de la lettre l'exclamation (citée plus haut) de Mme de Guermantes au sujet des jardins du prince et de la princesse de Guermantes: « Et puis le jet d'eau, enfin, c'est vraiment Versailles dans Paris » (Gms 2, 872).

34 Voir Jean de Cayeux, *Hubert Robert et les jardins,* pp. 71-72. Hubert Robert devient dessinateur des jardins du roi le 27 novembre 1778.

35 Cette image de pierres en mouvement n'est en effet pas étrangère à la thématique proustienne. On se souvient du « reste de la tour carrée et à demi détruite » au côté du clocher de Saint Hilaire, qui à certains moments de l'année semblait « une ruine de pourpre », et qui « lâchait, laissait tomber à intervalles réguliers des volées de corbeaux qui, [...] comme si les vieilles pierres qui les laissaient s'ébattre sans paraître les voir, devenues tout d'un coup inhabitables et *dégageant un principe d'agitation infini,* les avaient frappés et repoussés » (S, 62-63).

36 Cette pétrification, soit la manifestation de la durée dans l'instant, est l'une des caractéristiques de la ruine au XXe siècle. Ce phénomène découlant du fait que la ruine soit bien souvent instantanée à notre époque (elle n'a plus le bénéfice du temps pour se faire) prend sa source dans les nombreux exemples de destructions fulgurantes de notre ère. Le romancier cubain Alejo Carpentier rend particulièrement bien cette thématique de la ruine instantanée, laissée en suspens, dans un passage du *Siècle des lumières (El Siglo de las Luces)* (Paris: Gallimard, 1962), pp. 31-32.

37 Voir aussi Richard, *Proust et le monde sensible,* qui note que les manifestations d'un vent sauvage chez Proust sont « la voix du vide même » (59).

38 Voir Richard, *Proust et le monde sensible,* p. 146 (note 1) qui, reprenant l'expression de Proust, évoque un soleil « émietteur de falaise ».

39 Notons bien qu'ici ce décrochement des balcons n'a aucun caractère catastrophique. Cela s'explique par la prise en charge de l'art, comme cela était le cas par exemple avec le clair de lune dans le passage précédemment vu au sujet des jardins des maisons de Combray lors des promenades nocturnes du narrateur (S, 113).

40 Sur la valeur évocatrice des nuages, voir Ruskin, *Les Sept Lampes de l'architecture:* « L'amas roulant des nuages orageux, haché de déchirures et grossi de vapeurs, mais les absorbant toutes en masse ample, torride et superbe [...]; le soulèvement presque aussi majestueux des flancs de la montagne, tout déchirés et traversés par la profondeur des défilés et des arêtes de roches [...]; la cime de tout arbre puissant, enrichi de rosaces des feuilles et des branches, [...]; tous indiquent, comme une loi grande et honorée, cette diffusion de la lumière en vue de laquelle les Byzantins dessinaient leurs ornementations, tous nous montrent que ces bâtisseurs éprouvaient une sympathie plus vraie pour ce que Dieu a fait de majestueux que le Grec dans sa contemplation et sa satisfaction de soi » (90). Cette comparaison entre des nuages et des masses en pierre a de toute évidence suscité l'intérêt de Proust puisque dans sa préface de *La Bible d'Amiens* (Paris: Mercure de France, 1947) il note au sujet de Ruskin: « Ne disait-il pas que 'chaque classe de rochers, chaque variété de sol, chaque espèce de nuage doit être étudiée et rendue avec une exactitude géologique et météorologique?' » (51).

41 Sur la tradition de l'ekphrasis, c'est-à-dire « l'imitation ou la transposition en littérature d'une œuvre d'art plastique », à laquelle pourrait se rattacher la description du tableau d'Hubert Robert, voir J. Théodore Johnson, Jr., « Marcel Proust et l'architecture » (1975, p. 21) ou « Proust and Painting »,

Critical Essays on Marcel Prouts, ed. Barbara J. Bucknall (Boston, MA: Hall, 1987), pp. 163-64.

[42] « Hubert Robert à qui le *goût des ruines* avait donné celui de l'accident, et par conséquence du détail caractéristique et momentané [...] ». La Pléiade, vol. III, Notes et Variantes, p. 1328.

[43] Bourlier, *Marcel Proust et l'architecture*, p. 119.

[44] Souligné par l'auteur. *Figure III*, p. 42. Voir aussi Richard, *Proust et le monde sensible*, pp. 222-23.

[45] Voir entre autres Laugier ainsi que Ruskin et ses principes sur « la noble reproduction d'images de beauté, principalement dérivées de l'apparence extérieure de la nature organique » (*Les Sept Lampes de l'architecture*, p. 107) cités plus haut en note. Un autre exemple tiré de *La Prisonnière* devient d'autant plus significatif au terme de cette étude du 'jet d'eau/arbre/ruine' que Proust confond par détour métonymique certains arbres en hiver à des ruines: « Et elle [Albertine] s'engagea pour le retour dans de petites allées sinueuses où *les arbres d'hiver, habillés de lierre et de ronces, comme des ruines,* semblaient conduire à la demeure d'un magicien » (P, 680).

[46] D'autres passages permettent cette association: « Je traversai les jardins et remontai l'escalier où l'absence du prince, disparu à l'écart avec Swann, grossissait autour de M. de Charlus la foule des invités, de même que quand Louis XIV n'était pas à Versailles, il y avait plus de monde chez Monsieur, son frère » (SG 2, 58).

[47] Ceci dans le sens commun mais aussi selon la définition de *L'Encyclopédie*: « [o]n donne le nom de *ruine* au tableau même qui représente ces *ruines* » (article *Ruine*). Rapport finalement déplacé, au niveau de l'art, de la notion de contenu/contenant évoquée au début de cette partie au sujet du jet d'eau-arbre parmi les arbres et du jet d'eau-eau parmi les eaux.

[48] Nous empruntons l'expression à Richard, *Proust et le monde sensible*, p. 171.

[49] Sur les phénomènes de mémoire involontaire et d'émergence on peut consulter le chapitre 2 d'Ushiba, *L'Image de l'eau*, pp. 67-78. Voir aussi Genette *Figures I* (Paris: Seuil, 1966), p. 40, *Figures III:* « la métaphore est à l'art ce que la réminiscence est à la vie » (55), et Richard, *Proust et le monde sensible,* qui présente le jet d'eau d'Hubert Robert comme exemple de *chevauchement* dans le processus mémoriel et qui l'analyse du point de vue libidinal, pp. 280-81, note 2.

50 Ce calque de la réalité artistique ou sensible (une ruine) sur la réalité matérielle (le jet d'eau) ainsi que cette double appartenance temporelle (présent et passé) est particulièrement bien résumé par Juliette Monnin-Hornung dans *Proust et la peinture* au sujet d'autres passages de Proust: « [...] le charme des images proustiennes vient de ce qu'elles associent des choses très différentes, et pourtant, en certains points et d'une façon inattendue, semblables. C'est le charme de l'équivoque, le seul que Proust semble distinguer dans le monde extérieur, le charme de la chose, de l'être qui est lui-même en même temps un autre, qui est ici et aussi ailleurs, dans le temps présent et dans un temps infini » (179-80).

Troisième Partie: Les Ruines du *Temps retrouvé*

1 *Matinée chez la Princesse de Guermantes: Cahiers du* Temps retrouvé, eds. Henry Bonnet et Bernard Brun (Paris: Gallimard, 1982), Cahier 57, F⁰55, p. 203.

2 On se souvient des émotions du narrateur, lors de sa première soirée chez le prince et la princesse de Guermantes, alors qu'il craignait de ne pas être à sa place et redoutait chaque pas qui le rapprochait de son hôte.

3 La ville antique d'Agrigente est située près de la côte sud-ouest de la Sicile. On y trouve notamment les ruines des temples de Zeus Olympien, d'Hercule, d'Héra Lacinia, de la Concorde et des Dioscures. Sur Agrigente, voir Macaulay, *Pleasure of Ruins,* p. 224.

4 Baudelaire est l'un des rares auteurs à s'être intéressé à la déchéance physique, mais celle-ci est loin de présenter la beauté des ruines humaines proustiennes. Voir « Les petites vieilles » dans *Les Fleurs du mal et autres poèmes* (Paris: Flammarion, 1964), pp. 110-13. De même, rien de plus pertinent pour expliquer ce manque d'intérêt des poètes de la ruine pour la ruine du corps que les propos de Mme de Staël dans *De l'Allemagne* (Paris: Flammarion, n.d.) vol. 2: « On se représente les monuments à demi-détruits revêtus de toutes les beautés qu'on suppose toujours à ce qu'on regrette: mais qu'il est loin d'en être ainsi des ravages de la vieillesse! » (335).

5 Voici quelques exemples: Diderot explique dans *Pensées détachées sur la peinture* in *Œuvres esthétiques,* que les seules ruines qui aient une valeur particulière sont celles qui nous ramènent « aux vicissitudes de la vie et à la vanité des travaux de l'homme » (773); Chateaubriand ajoute dans *Voyage en Italie* in *Œuvres romanesques et voyages,* que « nous sommes avertis à chaque pas de notre néant; l'homme cherche au-dehors des raisons pour s'en

convaincre; il va méditer sur les ruines des empires, il oublie qu'il est lui-même une ruine encore plus chancelante, et qu'il sera tombé avant ces débris » (1484).

[6] Evoquons ici le poète gallo-romain Rutilius Namatianus: « Ne nous indignons pas si les corps des mortels ont une fin: des exemples nous font voir que les villes peuvent mourir », cité par Mortier, *La Poétique des ruines en France,* p. 18.

[7] Les effets retardés de la ruine ne manqueront cependant pas de l'atteindre trois ans plus tard dans une « mélancolie de *ne plus être rien* » (TR, 529).

[8] Ces deux catégories correspondent aux deux significations de la ruine à travers les siècles avec pour époque charnière le XVIIIe siècle: avant le XVIIIe siècle, la ruine n'intéresse que parce qu'elle permet de retrouver l'objet intact par la pensée; ce n'est qu'à partir du XVIIIe siècle que la ruine est considérée pour elle-même et pour sa beauté esthétique. Voir entre autres Mortier, *La Poétique des ruines en France,* pp. 223-24.

[9] *Matinée*, Cahier 57, F^{o}46, p. 194.

[10] Nous aurons de nombreuses fois recours aux avant-textes car ils sont bien souvent beaucoup plus explicites et imagés que la version que nous lisons aujourd'hui.

[11] *Matinée*, Notes, Cahier 57, MR^{o}62, p. 446.

[12] *Matinée*, Cahier 51, V^{o}65 et V^{o}64, pp. 34-35. Mme de Villeparisis n'apparaît pas dans la version finale car elle est déjà morte.

[13] *Matinée*, Notes, Cahier 57, PR^{o}56, p. 427.

[14] *Matinée*, Notes, Cahier 57, V^{o}46, p. 394.

[15] *Matinée*, Cahier 51, V^{o}65, p. 34.

[16] *Matinée*, Notes, Cahier 57, MR^{o}51, p. 408.

[17] Montaigne est en fait le premier à s'être intéressé au désordre harmonieux des vignes au milieu des ruines. Voir son *Journal* de voyage en Italie ainsi que l'article de Daniela Boccassini, « Ruines montaigniennes », *Montaigne Studies* 5.1-2 (1993), pp. 155-90.

[18] Ceci en toute conformité avec la tradition ruiniste où la critique distingue deux caractéristiques dominantes de la ruine: son usage moral ou didactique et son usage pittoresque, soit simplement visuel. Voir entre autres Mortier, *La Poétique des ruines en France*, p. 12. Précisons cependant que dans cette

tradition il s'agit toujours de monuments ou de villes en ruine, jamais de formes humaines.

19 « Bref l'artiste, le Temps, avait 'rendu' tous ces modèles de telle façon qu'ils étaient reconnaissables, mais ils n'étaient pas ressemblants, non parce qu'ils les avait flattés mais parce qu'il les avait vieillis. Cet artiste-là, du reste, travaille fort lentement » (TR, 513).

20 « Si je pense que nous pouvons avoir demain le sort des villes du Vésuve, celles-ci sentaient qu'elles étaient menacées du sort des villes maudites de la Bible » (TR, 386).

21 On retrouve cette association entre la statuaire et la thématique pompéienne dans l'introduction de Proust de *La Bible d'Amiens* de Ruskin: « En la retrouvant là [la petite statue de la cathédrale de Rouen], on ne peut s'empêcher d'être touché. Elle semble vivre et regarder, ou plutôt avoir été prise par la mort dans son regard même, comme les Pompéïens dont le geste demeure interrompu. Et c'est une pensée du sculpteur, en effet, qui a été saisie ici dans son geste par l'immobilité de la pierre. J'ai été touché en la retrouvant là; rien ne meurt donc de ce qui a vécu [...] » (73-74).

22 Sur la sculpture mortuaire on peut consulter Gabrielle Friedman, « Le Symbole de la sculpture mortuaire chez Proust », *The French Review* 30.1 (1956), pp. 5-12.

23 Ceux-ci font penser aux personnages de Giacometti qui bien que de création ultérieure illustreront, quelques décennies plus tard, cette thématique de la ruine instantanée dans la statuaire moderne.

24 « Aussi, cette contemplation de l'essence des choses, j'étais maintenant décidé à la fixer, mais comment? par quel moyen? » (TR, 454).

25 « De concerts en concerts passe sa vie ce stérile amateur, aigri et inassouvi quand il grisonne, sans vieillesse féconde, en quelque sorte le célibataire de l'art. Mais cette gent fort haïssable, qui pue son mérite et n'a point reçu sa part de contentement, est touchante parce qu'elle est le premier essai informe du besoin de passer de l'objet variable du plaisir intellectuel à son organe permanent » (TR, 471).

26 Nous empruntons l'expression à Maurice Bardèche, *Marcel Proust romancier*, vol. 2, (Paris: Sept Couleurs, 1971), p. 348.

27 « Vanité des vanités, dit Qohélet; vanité des vanités, tout est vanité. Quel profit trouve l'homme à toute la peine qu'il prend sous le soleil? Un âge va, un âge vient, mais la terre tient toujours » *L'Ecclésiaste* (1: 2-4).

28 La Pléiade, vol. IV, note 4, p. 1253. On trouve aussi dans l'avant-texte du Cahier 51 une référence indirecte à Bossuet, puisque celui-ci n'est pas nommé: « l'éloquence d'un mouvement d'oraison funèbre » (R°19, *Matinée*, p. 64). Autre exemple de vanité, celle de Swann: « Les trois quarts des frais d'esprit et des mensonges de vanité qui ont été prodigués depuis que le monde existe par des gens qu'ils ne faisaient que diminuer, l'ont été pour des inférieurs. Et Swann qui était simple et négligent avec une duchesse, tremblait d'être méprisé, posait, quand il était devant une femme de chambre » (S, 189).

29 Cette égalité devant la mort constitue un thème dominant des danses macabres. Voir l'ouvrage collectif édité par Liana DeGerolami Cheney, *The Symbolism of Vanitas in the Arts, Literature, and Music* (Lewiston, NY: Mellen Press, 1992), ainsi que le chapitre sur « L'art et la destinée humaine » d'Emile Mâle dans *L'Art religieux du XIIe au XVIIIe siècle* (Paris: Colin, 1946), pp. 138-46, ou Louis Réau, *Iconographie de l'art chrétien*, Vol. 2, Livre III, Chap. 1 (Paris: PUF, 1957), pp. 637-62.

30 Sur la métamorphose voir en particulier le chapitre 5, « Un mythe de la dégradation », de Pierre Brunel, *Le Mythe de la métamorphose* (Paris: Colin, 1974), pp. 124-64. Voir aussi le Cahier 57, F°51, où les gens du monde sont évoqués comme des monstres (*Matinée*, p. 198). Sur la ruine-*momento mori*, soit sur les convergences entre la ruine et la *Vanitas*, voir la première partie de l'article de Maurice Levy, « Les Ruines dans l'art et l'écriture ». Sur la *Vanitas*, on peut aussi consulter Liana DeGirolami Cheney, *The Symbolism of Vanitas*. Sur les transformations du corps dans *A la recherche du temps perdu* voir Richard W. Saunders, *Metamorphoses of the Proustian Body* (New York: Peter Lang, 1994). Sur les changements sociaux et moraux, voir le chapitre « Temps et personnages » de Jean-Yves Tadié, *Proust et le roman* (Paris: Gallimard, 1971), pp. 320-40.

31 Définition du *Grand Larousse Encyclopédique*, vol. 10, 1964, sous l'article *Vanité*, rubrique *Beaux-arts*. Les compositions picturales sur le thème de la *Vanitas* connaissent leur âge d'or au XVIIe siècle en Hollande, pays où Proust s'est rendu en 1897 et en 1902; voir Boyer, *Le Petit Pan de mur jaune,* et Ghislain de Diesbach, *Proust* (Paris: Perrin, 1991), p. 245.

32 Ceci rappelle le peintre belge James Ensor (1860-1949), initiateur de l'expressionnisme et contemporain de Proust, connu pour ses figures ou marionnettes portant des masques associés au thème de la mort. Voir par exemple *Auto-portrait avec masques* (1899) représentant le peintre entouré

de masques et de trois têtes de mort, ainsi que *Les Masques* exposé au musée d'Anvers.

33 Notes, Cahier 57, MR°34, *Matinée*, p. 363.

34 Dans un passage de l'avant-texte le « nom des Guermantes qui était resplendissant » est de même comparé à « une couronne » (Cahier 57, F°59, *Matinée*, p. 206), autre symbole des grandeurs. Sur les bijoux, voir Pauline Newman-Gordon, « Bijoux et pierres précieuses chez Proust », *Stanford French Review* 4.3 (1980), pp. 347-63.

35 « [...] l'homme, né de la femme, qui a la vie courte, mais des tourments à satiété. Pareil à la fleur, il éclôt puis se fane, il fuit comme l'ombre sans arrêt » (Job: 14: 1,2).

36 Cahier 57, F°45, *Matinée*, p. 193.

37 Notes, Cahier 57, PV°39, *Matinée*, p. 376.

38 Notes, Cahier 57, V°68, *Matinée*, p. 463.

39 Notes, Cahier 57, V°70, *Matinée*, p. 468.

40 Sur le théâtre voir John Gaywood Linn, « Proust's Theater Metaphors », *The Romanic Review* 49.3 (1958), pp. 179-90, publié aussi dans *The Theater in the Fiction of Marcel Proust* (Columbus: Ohio UP, 1966), pp. 197-236. Voir aussi Louise M. Jefferson, « Proust and Theater », *Critical Essays on Marcel Proust* (Boston, Mass.: Hall, 1987), pp. 180-92.

41 Cahier 57, F°42, *Matinée*, pp. 190-91.

42 Sur les fantasmagories de la ruine, voir le chapitre de Mortier, *La Poétique des ruines en France,* sur Victor Hugo, pp. 211-22.

43 Emile Mâle, *L'Art religieux du XIIe au XVIIIe siècle*, p. 141. Sur l'origine de la danse macabre, on peut aussi consulter Louis Réau, *Iconographie de l'art chrétien*, pp. 645-55, Léo Spitzer, « La Danse macabre », *Mélanges de linguistique offerts à Albert Dauzat* (Paris: D'Artrey, n.d.), pp. 307-21, et Jane H.M. Taylor, « Que signifiait danse au quinzième siècle? Danser la Danse macabre », *Fifteenth-Century Studies* 18 (1991), pp. 259-77. Voir aussi: Yvonne Bargues Rollins, « Une 'danse macabre': *L'Assommoir* de Zola », *Nineteenth-Century French Studies* 9.3-4 (1981), pp. 233-46; Sarah Webster Goodwin, « Emma Bovary's Dance of Death », *Novel* 19.3 (1986), pp. 197-215; Sister Corona Sharp, « The Dance of Death in Modern Drama: Auden, Dürrenmatt and Ionesco », *Modern Drama* 20.2 (1977), pp. 107-16; Diana Festa-McCormick, « Elective Affinities between Goya's *Caprichos*

and Baudelaire's 'Danse Macabre' », *Symposium* 34.4 (1980-81), pp. 293-310.

44 Nous utilisons l'orthographe de Mâle pour « Marchant » plutôt que celle de Réau qui écrit « Marchand ».

45 Mâle, *L'Art religieux du XIIe au XVIIIe siècle*, p. 143.

46 Voir aussi TR, 526. Ce dédoublement peut être résumé en ces termes: « Ainsi cette réplique du visage d'Odette, dont [...] j'avais aperçu l'esquisse à peine ébauchée dans le visage de Gilberte, le Temps l'avait enfin poussée jusqu'à la plus parfaite ressemblance, pareil à ces peintres qui gardent longtemps une œuvre et la complètent année par année » (TR, 513).

47 Ces ressemblances peuvent être ainsi résumées: des « générations superposées, chaque section prise à plusieurs d'une même série offrant la répétition, comme des ombres sur des écrans successifs, d'un tableau » (TR, 517).

48 Lorsque présentant la *Danse macabre* de Marchant, Mâle dans *L'Art religieux du XIIe au XVIIIe siècle* évoque « la main qui tout agrape » (140).

49 Mâle, *L'Art religieux du XIIe au XVIIIe siècle*, p. 145.

50 *Matinée*, Cahier 51, V°62, pp. 36-37. Voir aussi la version du Cahier 57, F°75, *Matinée*, p. 234.

51 *Matinée*, Cahier 11, R°1 et R°2, p. 237.

52 *Matinée*, Cahier 11, R°1, p. 237.

53 Le narrateur évoque ici « ces terribles figures ravagées du vieux Rembrandt, du vieux Beethoven ».

54 Evoquons la primitive église de Combray brûlée par Gilbert et dont il ne reste que la crypte sur laquelle repose l'actuelle église de Combray (S, 104), mais aussi ce passage d'une lettre de Proust adressée à Marie Nordlinger datée du 5 décembre 1899: « Je travaille depuis très longtemps à un ouvrage de très longue haleine, mais sans rien achever. Et il y a des moments où je me demande si je ne ressemble pas au mari de Dorothée Brook dans *Middlemarch* et si je n'amasse pas des ruines » (ed. Philip Kolb, *Correspondance*, vol. 2 (1896-1901), p. 377).

55 *Matinée*, Cahier 51, V°°62, p. 37.

Ouvrages cités

Ouvrages de Proust, manuscrits publiés et correspondance:

A la recherche du temps perdu. Ed. Jean-Yves Tadié. Bibliothèque de la Pléiade. Paris: Gallimard, 1987. 4 vols.
Contre Sainte-Beuve précédé de Pastiches et mélanges. Ed. Pierre Clarac. Bibliothèque de la Pléiade. Paris: Gallimard, 1971.
Jean Santeuil précédé de Les Plaisirs et les jours. Ed. Pierre Clarac. Bibliothèque de la Pléiade. Paris: Gallimard, 1971.
Matinée chez la Princesse de Guermantes: Cahiers du Temps retrouvé. Eds. Henry Bonnet et Bernard Brun. Paris: Gallimard, 1982.
Correspondance. Ed. Philip Kolb. Vol. 2, 4, 14. Paris: Plon, 1970-93. 21 vols.

Traductions d'ouvrages de Ruskin:

Ruskin, John. *La Bible d'Amiens*. Trans. Marcel Proust. Paris: Mercure de France, 1947.
———. *Les Sept Lampes de l'architecture*. Trans. G. Elwall. Paris: Denoël, 1987.
———. *Sésame et les lys*. Trans. Marcel Proust. Paris: Mercure de France, 1906.

Ouvrages littéraires:

Baudelaire, Charles. *Les Fleurs du mal et autres poèmes*. Paris: Flammarion, 1964.
Camus, Albert. *Noces*. Paris: Gallimard, 1959.

Carpentier, Alejo. *Le Siècle des lumières*. Trans. René L.-F. Durand. Paris: Gallimard, 1962.
Chateaubriand, François René de. *Atala, René, Le Dernier des Abencerage*. Paris: Gallimard, 1971.
———. *Le Génie du Christianisme*. Paris: Flammarion, 1948. 2 vols.
———. *Lettre à M. de Fontanes sur la campagne romaine*. Ed. Jean-Marcel Gautier. Genève: Droz, 1951.
———. *Œuvres romanesques et voyages*. Ed. Maurice Renard. Bibliothèque de la Pléiade. Vol. 2. Paris: Gallimard, 1969.
———. *Voyage en Italie*. Ed. Jean-Marcel Gautier. Genève: Droz, 1968.
de Staël, Germaine. *Corinne ou l'Italie*. Eds. Mme Necker de Saussure and M. Sainte-Beuve. Paris: Garnier Frères, n.d.
———. *De l'Allemagne*. Vol. 2. Paris: Flammarion, n.d. 2 vols.
Diderot. *Diderot: Salons*. Ed. Seznec, Jean and Jean Adhémar. 2nd ed. Vol. 1. Oxford: Clarendon, 1975. 3 vols.
———. *Diderot: Salons*. Ed. Seznec, Jean. 2nd ed. Vol. 3. Oxford: Clarendon, 1983. 3 vols.
———. *L'Encyclopédie*.
———. *Les Salons*, *Essais sur la peinture* et *Pensées détachées sur la peinture* in *Œuvres esthétiques*. Ed. Paul Vernière. Paris: Garnier Frères, 1959.
Hugo, Victor. « A l'Arc de Triomphe ». *Les Voix intérieures* in *Œuvres poétiques complètes*. Paris: Pauvert, 1961.
Saint-Pierre, Bernardin de. *Etudes de la nature* in *Œuvres complètes*. Vol. 3. Paris: Dupont, 1826.

Ouvrages critiques:

Alley, John N. « Proust and Art: The Anglo-American Critical View ». *Revue de Littérature Comparée* 37.3 (1963): 410-30.
Bales, Richard. *Proust and the Middle Ages*. Genève: Droz, 1975.
Bardèche, Maurice. *Marcel Proust romancier*. 2 Vols. Paris: Sept Couleurs, 1971.
Bargues Rollins, Yvonne. « Une 'danse macabre': *L'Assommoir* de Zola ». *Nineteenth-Century French Studies* 9.3-4 (1981): 233-46.
Benzaquen Lumpkin, Sarah. « Le Rôle des clichés dans *A la recherche du temps perdu*: Le Gâteau de Gilberte ». *Bulletin Marcel Proust* 41 (1991): 124-32.
Bidou-Zachariasen, Catherine. « Le 'jet d'eau d'Hubert Robert' ou Proust analyste de la mobilité sociale », *Ethnologie Française* 20.1 (1990): 34-41.

Boccassini, Daniela. « Ruines montaigniennes ». *Montaigne Studies* 5.1-2 (1993): 155-90.
Bolle, Louis. *Marcel Proust ou le complexe d'Argus*. Paris: Grasset, 1967.
Bourlier, Kay. *Marcel Proust et l'architecture*. Montréal: PU de Montréal, 1980.
Boyer, Philippe. *Le Petit Pan de mur jaune*. Paris: Seuil, 1987.
Brunel, Pierre. *Le Mythe de la métamorphose*. Paris: Colin, 1974.
Buchet Rogers, Nathalie. « L'Image mentale et la lecture chez Proust: Du Palimpseste à l'hologramme ». *Romance Languages Annual 1992* 4 (1993): 135-42.
Butlin, Martin and Evelyn Joll. *The Paintings of J. M. W. Turner, Plates*. New Haven: Yale UP, 1984.
Butor, Michel, *Les Œuvres d'art imaginaires chez Proust*. London: Athlone, 1964.
Canu, Jean. « Marcel Proust et la Normandie », *Bulletin de la Société des Amis de Marcel Proust et des Amis de Combray* 6 (1956): 208-23.
———. « Marcel Proust et la Normandie », *Bulletin de la Société des Amis de Marcel Proust et des Amis de Combray* 7 (1957): 350-74.
Cardonne Arlyck, Elisabeth. « Pièce montée et sorbets: Flaubert et Proust ». *French Forum* 3.1 (1978): 56-64.
Cayeux, Jean de. *Hubert Robert et les jardins*. Paris: Herscher, 1987.
Chernowitz, Maurice E. *Proust and Painting*. New York: International UP, 1945.
Citron, Pierre. *La Poésie de Paris dans la littérature française de Rousseau à Baudelaire*. 2 vols. Paris: Minuit, 1961.
Conisbee, Philip, Sarah Faunce et al. *In the Light of Italy: Corot and Early Open-Air Painting*. New Haven: Yale UP, 1996.
Corboz, André. *Peinture militante et architecture révolutionnaire: A propos du thème du tunnel chez Hubert Robert*. Basel: Birkhäuser, 1978. 45-51.
Cosnier, Colette. « Gastronomie de Proust ». *Europe* 40.496-497 (1970): 152-60.
Daemmrich, Ingrid. « The Ruins Motif as Artistic Device in French Literature ». *The Journal of Aesthetics and Art Criticism* 30.4 (1972): 449-57.
———. « The Ruins Motif as Artistic Device in French Literature ». *The Journal of Aesthetics and Art Criticism* 31.1 (1972): 31-41.
DeGirolami Cheney, Liana, ed. *The Symbolism of Vanitas in the Arts, Literature, and Music: Comparative and Historical Studies*. Lewiston, NY: Mellen Press, 1992.
Dezon-Jones, Elyane. « Death of My Grandmother/Birth of a Text ». *Critical Essays on Marcel Proust*. Ed. Barbara J. Bucknall. Boston, MA.: Hall, 1987. 192-204.
Diesbach, Ghislain de. *Proust*. Paris: Perrin, 1991.

Festa-McCormick, Diana. « Elective Affinities between Goya's *Caprichos* and Baudelaire's 'Danse Macabre' ». *Symposium* 34.4 (1980-81): 293-310.

Fraisse, Luc. *L'Œuvre cathédrale: Proust et l'architecture médiévale*. Paris: Corti, 1990.

Friedman, Gabrielle. « Le Symbole de la sculpture mortuaire chez Proust », *The French Review* 30.1 (1956): 5-12.

Galard, Jean. « La Poétique des ruines ». *Word & Image Conference Proceedings: First International Conference on Word and Image/Premier Congrès International de Texte et Image* 4.1 (1988): 231-37.

Gaywood Linn, John. « Proust's Theater Metaphors ». *The Romanic Review* 49.3 (1958): 179-90.

———. *The Theater in the Fiction of Marcel Proust*. Columbus: Ohio UP, 1966.

Genette, Gérard. *Figure I*. Paris: Seuil, 1966.

———. *Figure III*. Paris: Seuil: 1972.

———. *Palimpsestes*. Paris: Seuil, 1982.

Gilroy, James P. « Food, Cooking, and Eating in Proust's *A la recherche du temps perdu* ». *Twentieth Century Literature* 33.1 (1987): 98-109.

Gourdeau-Wilson, Gabrielle. « L'Immangeable repas proustien ». *Bulletin de la Société des Amis de Marcel Proust et des Amis de Combray* 36 (1986): 477-85.

Graham, Victor E. *The Imagery of Proust*. Oxford: Blackwell, 1966.

———. « Water Imagery and Symbolism in Proust ». *The Romanic Review* 50.2 (1959): 118-28.

Hachez, Willy. « Balbec et ses environs dans *La Recherche* ». *Bulletin de la Société des Amis de Marcel Proust et des Amis de Combray* 28 (1978): 677-84.

Hanney, Roxanne. *The Invisible Middle Term in Proust's* A la recherche du temps perdu. Lewiston: Mellen Press, 1990.

Hartmann, Günter. *Die Ruine im Landschaftsgarten: Ihre Bedeutung für den frühen Historismus und die Landschaftsmalerei der Romantik*. Worms: Werner'sche Verlagsgesellschaft, 1981.

Ifri, Pascal. « Les deux côtés des 'rivages de la mort': La guerre vue par Céline et Proust ». *Bulletin de la Société des Amis de Marcel Proust et des Amis de Combray* 37 (1987): 33-40.

Infantino, Stephen C. *Photographic Vision in Proust*. New York: Peter Lang, 1992.

Jefferson, Louise M. « Proust and Theater ». *Critical Essays on Marcel Proust*. Ed. Barbara J. Bucknall. Boston, MA: Hall, 1987. 180-92.

Johnson Jr., J. Theodore. « Marcel Proust and Architecture: Some Thoughts on the Cathedral-Novel ». *Critical Essays on Marcel Proust*. Ed. Barbara J. Bucknall. Boston, MA: Hall, 1987. 133-61.

———. « Marcel Proust et l'architecture: Considérations sur le problème du roman-cathédrale ». *Bulletin de la Société des Amis de Marcel Proust et des Amis de Combray* 24 (1974): 1937-40. 25 (1975): 16-34. 26 (1976): 247-66.

———. « Proust and Painting », *Critical Essays on Marcel Proust*. Ed. Barbara J. Bucknall. Boston, MA: Hall, 1987. 162-80.

———. « Proust's Referential Strategies and the Interrelations of the Liberal and Visual Arts ». *The UAB Marcel Proust Symposium: In Celebration of the 75th Anniversary of* Swann's Way *(1913-1988)*. Ed. William C. Carter. Birmingham, AL: Summa, 1989.

Junod, Philippe. « Future in the Past ». *Opposition* 26 (1984): 43-63.

———. « Poétique des ruines et perception du temps: Diderot et Hubert Robert ». *Colloque International Diderot (1713-1784) Paris-Sèvres-Reims-Langres, 4-11 juillet 1984*. Ed. Anne-Marie Chouillet. Paris: Amateurs de Livres, 1985. 321-26.

———. « Ruines anticipées ou l'histoire au futur antérieur ». *L'homme face à son histoire*. Lausanne: Payot, 1983. 23-47.

Kristeva, Julia. *Le Temps sensible: Proust et l'expérience littéraire*. Paris: Gallimard, 1994.

Larcher, P.-L. *Le Parfum de Combray: Pèlerinage proustien à Illiers*. Paris: Mercure de France, 1945.

Lejeune, Philippe. « Les Carafes de la Vivonne ». *Recherche de Proust*. Paris: Seuil: 1980. 163-96.

———. « Ecriture et sexualité ». *Europe* 502-3 (1971): 113-43.

Levy, Maurice. « Les Ruines dans l'art et l'écriture: Esthétique et idéologie ». *Bulletin de la Société d'études anglo-américaines des XVIIe et XVIIIe siècles* 13 (1981): 141-58.

Macaulay, Rose. *Pleasure of Ruins*. New York: Walker, 1967.

Magill, Michèle M. *Répertoire des références aux arts et à la littérature dans* A la recherche du temps perdu *de Proust*. Birmingham, AL: Summa, 1991.

Mâle, Emile. *L'Art religieux du XIIe au XVIIIe siècle: Extraits choisis par l'auteur*. Paris: Colin, 1946.

Metken, Günter. « Les Ruines anticipées ». *Domus aurea: Fascination des ruines*. Eds. Anne et Patrick Poirier. Paris: Centre Pompidou, 1978. 19-24.

Milly, Jean. *Proust dans le texte et l'avant-texte*. Paris: Flammarion, 1985.

———. *Proust et le style*. Genève: Slatkine, 1991.

Monnin-Hornung, Juliette. *Proust et la peinture*. Genève: Droz, 1951.

Mornet, Daniel. *Le Sentiment de la nature en France de J.-J. Rousseau à Bernardin de Saint-Pierre: Essai sur les rapports de la littérature et des mœurs*. Paris: Hachette, 1907. New York: Franklin, n.d.

Mortier, Roland. *La Poétique des ruines en France: Ses Origines, ses variations de la Renaissance à Victor Hugo*. Genève: Droz, 1974.

Newman-Gordon, Pauline. « Bijoux et pierres précieuses chez Proust », *Stanford French Review* 4.3 (1980): 347-63.

Oechslin, Werner. « Die Bank of England—und ihre Darstellung als Ruine ». *Architese* 2 (1981): 19-25.

Réau, Louis. *Iconographie de l'art chrétien*. Vol. 2. Paris: PUF, 1957.

Revel, Jean-François. *Sur Proust: Remarques sur* A la recherche du temps perdu. Paris: Julliard, 1960.

Richard, Jean-Pierre. *Proust et le monde sensible*. Paris: Seuil, 1974.

Rieuneau, Maurice. « La Guerre dans *Le Temps Retrouvé* (1927) ». *Guerre et révolution dans le roman français de 1919 à 1939*. Paris: Klincksieck, 1974.

Robin, Chantal. *L'Imaginaire du « Temps retrouvé »: Hermétisme et écriture chez Proust*. Paris: Lettres Modernes, 1977.

Rubellin, Françoise. « Proust, lecteur de Diderot? » *Revue d'Histoire Littéraire de la France* 86.5 (1986): 892-99.

Saunders, Richard W. *Metamorphoses of the Proustian Body: A Study of Bodily Signs in* A la recherche du temps perdu. New York: Peter Lang, 1994.

Sharp, Sister Corona. « The Dance of Death in Modern Drama: Auden, Dürrenmatt and Ionesco ». *Modern Drama* 20.2 (1977): 107-16.

Simmel, Georg. « Réflexions suggérées par l'aspect des ruines ». *Mélanges de philosophie relativiste: Contribution à la cuture philosophique*. Trans. A. Guillain. Paris: Alcan, 1912. 117-25.

Speer, Albert. *Inside the Third Reich*. Trans. Richard and Clara Winston. New York: MacMillan, 1970.

Spitzer, Léo. « La Danse macabre », *Mélanges de linguistique offerts à Albert Dauzat*. Paris: D'Artrey, n.d. 307-21.

Starobinski, Jean. « Imagination », *Actes du IVe Congrès de l'association Internationale de Littérature Comparée*. The Hague-Paris: Mouton, 1966. 952-63.

———. « La Mélancolie dans les ruines ». *L'Invention de la liberté: 1700-1789*. Genève: Skira, 1964. 179-81.

Tadié, Jean-Yves. *Proust et le roman*. Paris: Gallimard, 1971.

Taylor, H. M. « Que signifiait danse au quinzième siècle? Danser la Danse macabré », *Fifteenth-Century Studies* 18 (1991): 259-77.

Ushiba, Akio. *L'Image de l'eau dans* A la recherche du temps perdu: *Fonctionnement et évolution*. Tokio: France Tosho, 1979.

« Vanité ». *Grand Larousse Encyclopédique*. Vol. 10. 1964 ed.

Van Tieghem, Paul. *La Poésie de la nuit et des tombeaux en Europe, au XVIIIe siècle*. Classe des lettres et des sciences morales et politiques. Mémoires. Collection in-8°. 2e série. Vol. 16. Bruxelles: Lamertin, 1921.

Vogely, Maxime Arnold. *A Proust Dictionary*. Troy, NY: Whiston, 1981.

Webster Goodwin, Sarah. « Emma Bovary's Dance of Death ». *Novel* 19.3 (1986): 197-215.

Weinshenker, Betty. « Diderot's use of the ruin-image ». *Diderot Studies* XVI. Genève: Droz, 1973. 309-29.

Whiteley, Jeremy Donald. *The Development of Proust's Style in* A la recherche du temps perdu *from the* Cahiers de Brouillon *to the Final Version*. Diss. Sidney Sussex College, U of Cambridge, 1982. 34-57.

Zucker, Paul. « Artificial Ruins ». *Fascination of Decay. Ruins: Relic-Symbol-Ornement*. Ridgewood, NJ: Gregg Press, 1968. 195-245.

Index

A l'ombre des jeunes filles en fleurs, 24, 29, 109, 116

Adoration perpétuelle, 78

Afrique du Nord, 11

Agrigente, prince d', 67-69, 88

Albertine, 21, 24-29, 102, 109, 122

Albertine disparue, 109

Allemagne, 111

Allemand, 10, 103, 104

Andromèdes, 68

Antique, 9, 11-13, 16, 47, 49, 50, 58, 67-69, 71, 106

Antiquité, 11, 49, 67, 68, 89, 105

Architecture, 7, 24, 25, 41-43, 48, 49, 55, 59, 113, 114, 119, 120

Argencourt, M. d', 72, 84, 85, 88

Arpajon, Mme d', 35, 38, 117

Athènes, 11, 103

Baalbek, 11-13, 67-69, 112

Bal de têtes, Le, 8, 70, 75, 76, 78, 80, 91, 92

Balbec, 11-14, 67, 68, 102, 107, 114

Bassin, 35, 41, 51-53, 61, 62

Berma, la, 77, 86, 103, 104

Bible, 10, 125

Biblique, 9-11, 99, 100

Bloch, 72, 82

Bossuet, 83, 126

Bréquigny, 19, 20

Carthage, 11, 105

Charles X, 17

Charlus, 9-11, 35, 36, 38, 39, 67, 69, 70, 72, 83-85, 100, 101, 116, 122

Chartres, Cathédrale de, 15, 16, 105

Chateaubriand, 6, 75, 110, 119, 120, 123

Chute, 16, 17, 28, 35, 36, 48-50, 52, 53, 60, 78, 81

Colonne, 5, 6, 8, 16, 24, 27, 37, 49, 51, 61, 96, 107

Combray, 6-8, 11, 21-23, 35, 62, 114, 117, 121, 128

Corot, 15, 16, 20

Corps, 65-67, 69-75, 88, 94-96, 123, 124, 126

Danse macabre, 80, 81, 91-93, 127, 128

Delacroix, 11

Diderot, 5, 80, 109, 111, 113, 114, 117, 119, 120, 123

Dieu, 10, 24, 102, 121

Dilettantisme, 10

Du côté de chez Swann, 21, 28, 57, 58, 95, 109

INDEX

Ecriture, 24, 58, 67, 76, 87, 96, 119
Elstir 19, 24, 25, 27, 59, 114, 115
Encyclopédie, 15, 120, 122
Erechtéion, 177
Essence, 24, 42, 47, 51, 115, 125
Falaise, 114, 121
Féodal, 21, 23, 29, 62, 114
Forcheville, Mme de, 73, 83
Forteresse, 94
France, 9, 11, 39, 111
France, Anatole, 12
Gilberte, 6, 28, 29, 85, 92, 105, 106, 128
Glace, 24-28, 94, 115
Gomorrhe, 9-11, 99-102
Grand-mère, 15-20, 62, 91
Guermantes, 22, 33-38, 40, 41, 62, 65, 66, 82, 86, 87, 127
   Côté de, 21, 87
   Duc de, 35, 67-69, 72, 77, 83-85
   Duchesse de, 72, 86
   Madame de, 44, 72, 107, 120
   Prince de, 34, 36, 44, 77, 83, 123
   Princesse de, 35, 44, 70, 78, 81, 83, 85, 116, 120, 123
Herculanum, 9-11, 17, 34, 102
Hôtel, 12, 13, 19, 20, 24, 34, 107
Hubert Robert, 5-8, 15-17, 20, 33, 34, 36-45, 47-50, 58, 59, 109, 110, 113, 117, 118, 120-22
Jardin, 5, 6, 7, 8, 35-38, 41, 42, 44, 47, 56, 59, 62, 83, 87, 117, 120-122
Jérusalem, 11, 107

Jet(s) d'eau, 5-7, 16, 17, 20, 33-44, 46-62, 113, 116-18, 120, 122, 123
La Prisonnière, 24, 109, 115, 122
Le côté de Guermantes, 68, 109
Le Nôtre, 43
Le Temps retrouvé, 6, 9, 33, 61, 69, 74, 91, 109-11
Legrandin, 12, 92
Léonie, tante, 21
Littérature, 10, 13, 81, 87, 89, 94, 111, 113, 120, 121
Louis Philippe, 17
Louis XV, 37, 42
Louis XVI, 47
Lune (clair de), 5-8, 11, 38, 39, 110, 117, 121
Matinée chez la princesse de Guermantes, 45, 72-75, 80, 82, 85, 89-91, 94, 123, 124, 126-28
Memento Mori, 8
Mer, 12
Méséglise, 21
Michel-Ange, 77
Montagne, 20, 25, 27, 114, 121
Mort, 1, 67, 68, 80, 82, 84, 85, 90-92, 102, 104, 125-27
Moyen Age, 22, 114, 115
Narrateur, 1, 6-11, 13, 15, 17-24, 26, 28, 29, 33-36, 44, 48, 49, 56, 59, 61, 62, 66-68, 70-78, 80-83, 86-88, 90, 93-96, 114, 116, 121, 123, 128
Ninive, 9, 11, 105, 116
Normandie, 11
Nuage, 37, 46, 47, 54-59, 121

INDEX

Odette, 28, 35, 69, 77, 78, 86, 92, 105, 128

Odyssée, 12

Orientalisme, 11

Palmyre, 112

Paris, 7, 9-11, 14, 16, 28, 38, 44, 75-77, 86, 91, 100, 102, 104, 106, 111, 112

Paysage, 6-8, 15, 16-24, 29, 40, 43, 65, 68, 70, 73, 75, 94, 113

Peinture, 7, 15-20, 39, 46, 48, 50, 55, 56, 58, 59, 106, 112, 114, 117

Photographie, 15, 17-19, 110

Pierre, 1, 16, 22, 25-28, 44, 47-50, 53, 57, 58, 72, 80, 92, 96, 104, 105, 114, 120, 121, 125

Pompéi, 9, 10, 11, 17, 77, 101-3

Révolution de 1830, 16

Rocher, 24, 27, 67, 68, 114, 121

Romantique, 6, 23, 39, 67-69, 80

Rome, 11, 16, 100, 104

Saint-André-des-Champs, 21

Saint-Cloud, 6, 15, 16, 20, 41, 56

Saint-Euverte, Mme de, 83

Saint-Germain, Faubourg, 65-67, 75, 81, 107

Saint-Gothard, 19, 20

Saint-Hilaire, 73

Sculpture, 125

Ski, 86

Sodome et Gomorrhe, 16, 20, 91, 99-101, 109, 116

Sodome, 9-11

Soleil, 19, 53, 56-58, 103, 121, 125

Squelette, 13, 112

Staël, Mme de, 6, 110, 123

Statue, 70, 72, 73, 75, 77, 103, 107, 125

Suse, 11, 106, 107

Swann, 15, 18, 83, 103, 105, 122, 126

Tansonville, 21, 87

Tour(s), 7, 22, 94, 95, 115, 120

Tresmes, 19, 20

Turner, 15-17, 19, 20, 112, 113

Vanitas, 85, 86, 88, 89, 126

Vanité, 80, 82-90, 93, 123, 125, 126

Venise, 16, 112, 114

Verdurin, Mme, 35, 72, 81, 83

Versailles, 44, 46, 47, 49, 56, 58, 59, 120, 122

Vésuve, 10, 15, 17, 20, 34, 75, 103, 104, 113, 125

Villeparisis, Mme de, 72, 88, 124

Vivonne, 22, 119